全国古籍整理出版规划领导小组资助项目

中央民族大学图书馆藏

《中国边疆民族地区抄稿本方志丛刊》

编辑组成员

顾　问　王　尧　张公瑾

主　编　李德龙

成　员　云　峰　莫福山　李　婷　黄金东

　　　　侯爱梅　杨　丽　红　梅

项目负责人　莫福山

中国边疆民族地区抄稿本方志丛刊

李德龙 主编

定远县志

之二

中央民族大学出版社
China Minzu University Press

图书在版编目（CIP）数据

定远县志．之二 /(清)李德生等纂修．—北京：中央民族大学出版社，2010.8

(中国边疆民族地区抄稿本方志丛刊/李德龙 主编)

ISBN 978-7-81108-867-0

Ⅰ．①定… Ⅱ．①李… Ⅲ．①定远县—地方志 Ⅳ．①K295.44

中国版本图书馆CIP数据核字（2010）第120509号

中国边疆民族地区抄稿本方志丛刊

定远县志 之二

主　　编	李德龙
责任编辑	红　梅
封面设计	汤建军
出 版 者	中央民族大学出版社
	北京市海淀区中关村南大街27号　　邮编：100081
	电话：68472815（发行部）　　68932218（总编室）
	传真：68932751（发行部）　　68932447（办公室）
发 行 者	全国各地新华书店
印 刷 厂	北京宏伟双华印刷有限公司
开　　本	850×1168（毫米）　1/16　　印张：39.25
字　　数	565千字
印　　数	1000册
版　　次	2010年8月第1版　　2010年8月第1次印刷
书　　号	ISBN 978-7-81108-867-0
定　　价	498.00元

《中国边疆民族地区抄稿本方志丛刊》总目

究。从二〇〇六年起，通过两期图书馆数字化建设，全部馆藏古籍文献已经回溯了书目数据，部分珍本、善本文献已经进行数字化加工，《新疆巡抚饶应祺稿本文献》等孤本珍藏已经作为『中央民族大学九八五工程边疆民族地区历史与地理研究中心』的文献整理项目加以整理并正式出版。鉴于中央民族大学图书馆古籍典藏与保护、整理、研究的成就，二〇〇八年，国务院正式命名该馆为首批『全国古籍重点保护单位』。

为了进一步研究和开发古籍文献，整理祖国的文化遗产，弘扬优秀的民族文化，二〇〇九年十一月，中央民族大学图书馆与中央民族大学出版社向国家申报了中央民族大学图书馆藏《中国边疆民族地区抄稿本方志丛刊》项目，得到了全国古籍整理出版规划领导小组的大力支持。于是，我们马上组织队伍，开展工作，首先从大量的馆藏古籍方志中遴选出五十八种有关边疆民族地区的善本志书认真研读，然后又从中选择二十余种抄稿本方志加以整理，最后确定其中的七种方志作为本丛刊整理出版的对象。这七种方志是：

一、《新疆四道志》；

二、《西藏志考》；

三、（内蒙古）《归化城厅志稿》；

四、（云南）《云龙州志稿》；

五、（云南）《定远县志》之一；

六、（云南）《定远县志》之二；

七、（广西）《防城县小志》。

以上这七种方志，涉及到了我国新疆、西藏、内蒙古、云南、广西五个省、自治区的多个民族地区，全部为清代宣统三年（1911）以前的手写本，既有抄本，又有稿本，十分罕见。如果从版本学的角度看，可以说这些抄稿本都是与其他版本不同的特殊文献；如果从文献收藏的角度看，有的还是国内外仅存的孤本，版本价值、文献价值极高。例如，《新疆四道志》抄本，即为最初的手抄稿本，且无刻本传世，虽然目前还未能确定本书的作者是何人、清代哪一年最终成书，但是，四册线装志书中那清新娟秀的小楷，真实地记录着清晚期新疆建省之初镇迪道、阿克苏道、伊塔道、喀什噶尔道等四道及其所属州、厅、县的疆界四至、山川地形、卡伦、驿站、厂矿位置、城防名胜、民族居落、贸易场所、边防哨卡、军台布控等十分重要的内容，是研究晚清新疆政治、经济、军事、文化、民族、环境非看不可的第一手资料。

再如（广西）《防城县小志》，虽名小志，却有四编二十八类十五六万言之巨。与《新疆四道志》不同的是，《防城县小志》的作者十分清楚，题为李受彤修、黄诚沅纂，实为黄诚沅所作。志中最后纪事为光绪十五年（1889），可以确认此书为光绪写本。这件写本，既有详细的方志地图，又有准确的户口、田赋，至于政区沿革、兵防、官秩、汉夷风俗、古迹、诗文，更是无所不包。最值得一提的是，本抄本志书中的地图，除有防城县全图以外，尚有广东通志图两幅、廉州府志图五幅、钦州志图两幅、皇朝直省图、广东图说、捕属图、东兴县丞所属图、如昔司图、江平司图、沿海形势汛防图、中越交界图等多幅，清楚地指明了防城县与外地交往的路线，也是研究广西防城与越南边界的重要资料。在今天开发广西，扩大对外交往的背景下，将此志书提供给广大学者进行研究，具有十分重要的现实意义。

《西藏志考》是著名民族学家吴文藻和著名文学家冰心夫妇赠送给中央民族大学图书馆的稀见旧抄

本。该本实为《西藏志》残本，记有四至疆圉、山川形势、寺庙名称、天时寒暑、土地蓄产、封爵职衔、设委碟巴、兵防甲胄、设隘边防、文书征调、催科差徭、表章贡赋、略笔杂叙、布颜罕奏书、库库木罕奏书、叶楞罕奏书、台站粮务、西域碑记、年节时令、属相纪年、风俗好尚、男女衣冠饮食、婚姻嫁娶、夫妇配偶、生产养育、死丧孝服、疾病医药、占卜吉凶、接交礼仪、生意经营、居住房屋、刑法律例等内容。这部方志以记述西藏的山川寺庙、行政建制、边隘兵防、土产赋役、宗教风俗等为主，十分难得。更为可贵的是最后一册被称为『西域志考』，详细列举了西藏至青海、甘肃、新疆乃至内蒙古各地的交通路线与距离，宛如一幅西藏与外界的交通网络图，真实地再现了清代西藏的政治、经济、人口、交通、宗教、文化、对外交往等状况。是一部藏族史和西藏地方史志的经典之作，向为海内外研究西藏问题的学者所推崇。

（内蒙古）《归化城厅志》抄稿本，原本的封题与内题分别是《归绥厅志》和《归化城厅志》，文中涂抹、改写随处可见，更显其原始面貌。在二十世纪八十年代成书的《中国地方志联合目录》中，著录中央民族学院图书馆所藏本书为『《归绥厅志稿》，稿本，佚名纂』。经过我们的研究和考证，这本志书的编纂者并非『佚名』，而是清光绪年间的刘鸿逵和沈潜，该本的实际名称也应该是《归化城厅志》，其原本应该是现已失传的《归化城厅志采访稿》。因此，这部抄本实同原稿，十分宝贵。归化城，即蒙古语之『呼和浩特』，指的是呼和浩特旧城。《归化城厅志》实为第一部专述呼和浩特的方志，保存了呼和浩特星度测量、山川形胜、户口赋税、兵防军事、坛庙寺召、城郭、陵墓、艺文、公署关税、宦绩、人物、学校等重要资料。对于研究清代呼和浩特地区的政治、经济、军事与文化具有重要的价值。

本丛刊收入的云南抄稿本稀见方志有《云龙州志》和《定远县志》两种。前者为稿本，后者为抄本。《云龙州志》为时任云龙知州胡程章于光绪十二年（1886）向上呈报的采访志书稿本。书中首尾及骑缝处皆盖满汉两种文字『云龙州印』正方形官印，以证明所呈报志书的真实和完整。此本《云龙州志》为张涛卿先生于一九五二年所赠送，只有中央民族大学图书馆收藏，可谓孤本，但惜仅存艺文部分。此本虽残缺，仍有较高的资料价值，记有建城碑记、迁建州治碑记、修建学宫碑记、重建城隍庙碑记、重修砥柱桥碑记、彩云书院碑记、旌表节烈详稿、黑水辨等内容。特别是诗赋部分，较雍正《云龙州志》增加了不少内容，同时又保存了一些光绪十八年（1892）《云龙州志》未收录的内容。《定远县志》共有两种抄本，道光十五年（1835）成书，淯阳李德生、九隆水其沂纂修，原序作者为楚雄知府章文鐄、定远知县张彦绅。此书最早修成于康熙四十四年（1705）。两种抄本均为八卷，其中一种有伊理布、李嘉端、李德生等九人序文，另外一种虽无此九人之序，但卷首绘制的『星野图』、『定远县疆域图』为我们提供了当时的天文、地理、疆域、县舍等最直观的图形资料。这些稀见方志，对我们研究清代云南民族地区的经济、文化、自然环境都有重要的参考价值。在云南大开发的今日，将这样稀见的文献再现给广大读者，必将有益于促进边疆民族地区的经济发展和社会进步。

我们认为，即使历史文献再稀有、再珍贵，如果让它们长期沉睡在藏书楼里，其价值也将大打折扣。相反，如果将真正有价值的珍贵文献公之于世，让更多学者去研究、给更多的人们提供参考，其作用将会得到更好的发挥。正是本着这一理念，在全国古籍整理出版规划领导小组的大力支持下，才有我们初步整理的中央民族大学图书馆藏《中国边疆民族地区抄稿本方志丛刊》呈现在读者面前。由于我们的研究整理是初步的，我们对这些文献的把握是粗浅的，在对于各种方志抄稿本的介绍中，我们虽然订正了诸如《中国地方志联合目录》著录的错误，也考证出了一些新的成果，但是，错误还是难免的。在我们向广大读者真诚奉献中国边疆民族地区抄稿本方志的同时，也请给我们提出宝贵的意见，以便我们在今后的古籍整理和研究工作中有所进步，提升水平，为祖国和民族的古籍文献事业做出更大的贡献。

感谢全国古籍整理出版规划领导小组对我们的信任和支持！

主编　李德龙

二〇一〇年三月三十一日

定远县志 之一 述略

历史上以定远为县名者有三，分别属于今安徽、云南和重庆三省市。中央民族大学图书馆所藏《定远县志》是清代云南楚雄之定远县方志。在今云南楚雄彝族自治州有一牟定县，古代称『定远』，元时置县，明始建城，民国三年（1914）更名为『牟定』。

《定远县志》最早纂修于清朝康熙年间，当时正值修志的鼎盛时期。今存有清康熙四十一年（1702）定远知县张彦绅、李仲伟纂修的《定远县志》，后道光十五年（1835）续修。有关《定远县志》的版本，据《中国古籍善本书目》著录最早为康熙《定远县志》八卷首一卷，清张彦绅、李仲伟纂修，康熙刻本。国家图书馆藏有康熙刻本，云南省图书馆有道光年间刊本及光绪节抄本。

康熙《定远县志》，定远知县张彦绅、李仲伟纂修，原序为楚雄知府章文镄撰。据道光《定远县志》记载，该志成书时间为康熙四十一年（1702）。张彦绅，镶蓝旗汉军监生，康熙三十九年（1700）任定远知县。从张彦绅的原叙中可知八卷内容分别为：首卷图、次地理、次建置、次官师、次食货、次人物、次艺文及杂记。一卷为一志，各志中又分多个条目。首卷手绘四图为：县境图、县城图、县治图、县学图，为我们提供了当时的天文、地理、疆域、县舍等最直观的图画资料；地理志下分沿革、分野、疆域、形胜、山川、古迹、胜景、风俗。全志共八大类五十五目，山川河流、城邑古迹、县学官府，一目了然。史实上溯战国，历汉、晋、唐、宋、元、明等朝代，下限为康熙四十一年（1702）。

中央民族大学图书馆藏抄本《定远县志》，为清道光年间所修，共有两个抄本，均为八卷，正文内容相同，只因成书日久，又系手书，加之书写习惯不同，个别字词略有差异。本书为《定远县志》抄本之二，版框高二十四厘米，宽十四点五厘米，十行二十一字，墨格，竹纸，上有伊理布、李嘉端、李德生等九人序；此本与中央民族大学图书馆藏《定远县志》抄本之一相比较，很突出的一个特征就是无抄本之一所载『疆域』等图。与抄本之一相同，此本亦讳『淳』字（卷一）、『紘』字（卷四）。从各种情况来判断，此本同为清末抄本。

道光《定远县志》，滇阳李德生、九隆水其沂纂修，道光十五年（1835）成书。李德生，字培阶，镇平人，嘉庆己卯进士。水其沂，字霖峰，保山县人，举人出身，曾任禄丰县教谕，后调任镇沅直隶州学正，于道光十一年（1831）补授定远县教谕，首倡移建泮池修葺文庙学署。

道光《定远县志》抄本之二为续修县志，距定远首次修志的康熙四十一年（1702）已一百三十余年。全志类分三十六门，共成八卷，以卷领目，以目为志。天文、地理、山川、建置、学校、风俗，靡不详载。卷一有天文星野、地理舆图、山川、建置、疆域、城池；卷二有学校（书院、义学、书籍、乡饮、酒礼、宾兴附）、风俗、户口；卷三有田赋、课程、经费、水利、积贮、祠祀、寺观；卷四有秩官、兵防、名宦、选举、乡贤、孝义、文学、乡望；卷五有列女、流寓、仙释、古迹、隐逸；卷六有物产、祥异；卷七卷八有艺文，诗、文各一卷。作序者依次为伊理布、何煊、李嘉端、钱宝琛、王赠芳、常恒昌、裴骢、李德生、水其沂、李庆元，康熙年原序，后列县志片编修者姓氏。

道光《定远县志》抄本之二与康熙《定远县志》相比，大部内容因袭旧志，『视旧志加详，近百余年事编纂秩然』。同时又有所变更，正如志书『凡例』所言『其中宜增宜删，或详或略，悉加整正，务期允当，一切纲目体例俱依通志』。

古人修志之目的在于存史、资政、教化。道光《定远县志》抄本之二从八大方面设五十五小目，包括自战国以来历汉魏南北朝宋元明清一千四百余年间定远天文、地理、环境、交通、社会、经济、文化、民俗的发展变化，记载了定远的历史沿革、风物人情、重大事件。尤其是定远作为一个彝族聚居地，该县志对彝族特有的生活习俗、社会、生产多有反映。如《定远县志》抄本之二对彝族『左脚舞』的记载。彝族『左脚舞』是楚雄彝族自治州彝族倮倮支系特有的民间舞蹈，以牟定为中心，流行于元谋、永仁、大姚、姚安、南华、楚雄、禄丰等县的倮倮住地，为牟定县彝族喜爱的自娱自乐性集体舞蹈。每年的农历三月二十七日至二十九日这三天，是牟定县一年一度的民族传统盛会——三月会。届时，县城闹市摆摊设点搭凉棚，省内外商贾和邻县汉、彝、苗、回等各族群众穿上艳丽的民族服装前来参加。《定远县志》抄本之二记载：『每年三月二十八日赴城南东岳庙（今南山寺）赶会，卖蓑笠羊毡麻线，至晚，男女百余人吹芦笙、弹月琴、吹口弦、唱夷曲，至县署二堂跪拜官长，就墙下环围堕左脚，至更余方散。』这是对牟定三月会最直观、形象的描述，热闹场面从这段文字中可见一斑。三月会既是大型民族民间商品交易盛会，又是『左脚舞』歌舞盛会。彝族『左脚舞』历史悠久，《定远县志》记载『三月二十八日，就城外南郊东岳宫（庙）赶市，四方远近商贾汉夷辐辏，买卖农器货物，至四月初二日方散』，由此说明三月会从清朝沿袭至今，已有几百年的历史。该志对研究边疆少数民族的历史与文化有着极其重要的价值。

擬續修定遠縣志序

牧令與民最親一州一邑風土人情各有不同至其
境諮詢父老周知利病修廢舉墜次第行之何患不
治哉然地土之所宜風俗之所尚非有以驗之於往
昔考之於載籍幾何不倀倀專而昧於所施則有藉
於志乘非淺鮮也定遠屬楚雄為迤西要區雖士勤
弦誦民安耕鑿因之政簡刑清久稱東土亦賴隨時
振德有以固持之抑且黑琅二井俱産其地牢盆商
賈輻輳雜居尤須調理非漫無依据者所能治也其
縣志自康熙四十一年知縣張彥紳修輯後歷今百

三十餘年其間因革不無同異乘時纂輯其急務矣
道光十四年冬邑李令德生申請續修予與芸臺節
相亟嘉許之今秋告成般般請序適予移節制府公
餘覽之簡淨賅贍目天文地理山川建置暨學校風
俗靡不詳載類分三十六門共成若干卷士君子讀
書立言期可傳於後世使繼來宰斯邑者即其言而
用之有成效亦言之者之功也李令既能行之於其
身矣復能修邑志以貽後之人俾定遠之民常涵濡
乎
重熙累洽之化豈不懿歟爰識緣起於簡端旹

道光十五年歲次乙未仲秋月制滇使者伊理布撰

定遠縣志序

聖朝聲教四訖天下郡縣無遠近覆育涵濡吏競奉職詢民事緩急先後措置徵文考獻憲章修明滇去京師萬里予撫滇初至喜滇通志稿適來昔沛公入關蕭何收秦丞相府圖籍以此具知天下阨塞户口彊弱今之地志為例纂詳得立言者舉其体安民俗之宜政治之得失披圖考籍朗若列眉矣時積事多今昔互異或視為緩圖或俾於搜討缺斷弗舉後來者靡所藉以為据此予乎滇志之克修也定遠令李君亦以修定遠縣志告成乞序於予閱之視舊志加詳近

百餘年事編纂秩然靡遺靡溢治無小貴識大体為久遠計李君從事於斯亦可識其用心矣

道光十五年季秋月撫滇使者蕭山何　煊序

定遠縣志序

縣以定遠名者三而滇楚雄府所屬最僻遠唐宋以前羣蠻據之羈縻而已元始置縣設流官明始建城立學校逮我

聖朝德化敷被漸摩涵濡萬里之外皆躋衽席山川蘊靈發為太和蒸蒸然聲明文物與濠泗巴渝閒等是固不可無所紀述以備職方之掌故康熙中知縣張君彥紳撰縣志若干卷往蹟賴存厥後久無繼作迄今百數十年

重熙累洽既庶既富規制咸備而圖經闕如前書亦漶漫

不可辨識者病之夫事莫難於理縣邊境尤劇撫字之勞心句稽聽斷之勞形勤於其職往往不遑他及又或高才遠抱湛浮瘴鄉每寓情於豪素以舒其抑塞磊落之氣而於政治所關忽專若忘盖非賢而有文知政体者未足以語此也吾宗培階大令以名進士宰定遠卓望在官仁聲在民政成時和游心典籍乃訂舊志之疏舛補百年之闕佚立三十六目以該古今始於癸巳之冬手自編輯期年而書成於是定遠一縣建置沿革之典關津險要之形勢盐井銅坑之利病洎手民俗馴獷吏治得失釐然絜然如視諸

掌專嘗論近代輿地之書莫簡於康對山武功志文仿秦漢雅有史裁才士之筆也莫詳於陸清獻靈壽志洪纖悉陳歸於理道何者之書也茲則闕疑傳信詳簡適宜于昔人不相師而能得其意所謂成一家之言者殆無愧歟僕奉

命來滇典試留任學政初按楚雄與君晤言即以此見示屬為之序讀君之書而知君之政與教因歎地雖僻遠賢宰官之則文獻賴以弗墜來風之使亦幸其有足徵也爰題簡端以告後此知定遠縣者

道光十五年歲次乙未冬十月

督學使者大興李嘉端

定遠縣志序

周官小史掌邦國之志外史掌四方之志為後世志書之權輿班固著漢書為十志以紀一代宏綱鉅典地理即其十志中之一厥後元和郡縣志太平寰宇記出遂專以地理之志勒為成書若郡國之有分志則始自常璩華陽國志至宋太中祥符官撰吳郡圖經於是天下郡邑莫不有志萃一方之山川人物户口田賦凡大典禮古今畢載官其地者一展卷而若者宜因若者宜革如指諸掌允為徵文考獻之要務者乃近日膺民社者以其非刑名錢穀急需置之不講

久矣予同年培堦李君寧定遠之明年政通人和暇則亟亟以纂修志書為事定遠屬楚雄府地瘠民貧境内兼有黑琅兩井經理匪易培堦以其餘閒留心文獻洵屬難能而可貴者書成請予序余受而讀之見其詳而不冗簡而不漏較舊志尤為完善而定遠一邑之文獻於是乎有徵為欣然者久之而余更有進者舊志以定遠為唐髳州考唐書地理志髳州為漢越嶲郡地領青蛉濮水二縣青蛉漢書地理志屬越嶲郡云僕水出徼外東南至來唯入勞僕水即濮水華陽國志青蛉濮水出其明徼出徼外之濮水即

今瀾滄江擧州當在瀾滄江左右爲今麗江不當在
定遠定遠爲尼覽州貞觀二十三年諸蠻求徒莫祇
儉望二種落内附置傍望求卭覽五州盡在今楚雄
境内樊綽蠻書覽瞼城内即井鹽潔白味美即井即
今琅井南詔之覽瞼即唐覽州其爲定遠無疑在漢
爲弄棟縣屬益州郡不屬越巂郡也舊志差譌願與
培階共商摧之
道光十五年歲在旃蒙協洽正月八日
賜進士出身
誥授通議大夫雲南按察使陞浙江布政使前翰林

院編修兼撰文加三級年愚弟婁東錢寳琛拜撰

定遠縣志序

定遠縣令李君精吏事以縣志百餘年未修修之是補是正燦然備矣定遠貞節婦女舊載數十人李君
請
旌者至百三十餘人觀其紀風俗則曰土瘠民貧紀物産則曰地處偏僻無難得之物自予至滇耳聞目睹滇南風俗大率類是不獨定遠一邑然也縣令於民最近為之令者攷今者之勢辨物土之宜安之無擾之生之無虞之土瘠可沃民貧可富則志之功也紀典章俾後得以率循專紀人物俾民知所嚮慕專是

又為賴於志若夫流覽山川興懷古蹟勒成詩歌藝
文士目觧操觚志之要不在是李君知治体其為志
殆足以垂信於方來也邑北雲龍山漢武鄉侯曽駐
師今治平日久按其圖記猶慨然想望遺徵定遠雖
同沐
聖世熙皞之化又何患具他僻哉
旨
道光十五年乙未秋七月望日中憲大夫雲南塩法
道前翰林院編修廣西福建湖北主考官提督湖北
學政廬陵王贈芳譔

定遠縣志序

雲南之封域為府十四直隸廳三直隸州四屬府之州二十七縣三十九分置四道各設監司統之此

國朝乾隆三十五年所定之制也迤西道所統者有府五廳三楚雄府在道治之東省城之西為腹裏衝要領州三縣四府治北一百二十里曰定遠縣其境内之所有康熈間知縣張君彥紳纂輯縣志分類載之至今一百三十餘年其書已殘缺而人物事故與時俱積夫志之所紀雖僅一隅然山川之險易道里之廣狹風俗之醇漓上可以待

國史之徵採下可以備官司之因革歷時既久變遷必
多所闕非淺鮮矣鎮平李君來宰是縣視舊志所載參
以目驗足經廼度地立政因時制宜專復恐後來者
無所稽考爰取舊志而補之增之析為三十六事凡
所為無所闕遺我
國家重熙累洽疆㝢日廓
皇
上命修
大清一統去而雲南通志亦遂告竣此志之修匪惟李
君之好學蓋為遭遇乎斯時也賢人君子所過之區
每令人流連慨慕而不能自已此縣隆僻小然漢諸

葛武侯南征嘗駐節於境內白石泉望子洞古蹟猶
存豈非地以人傳載志本地理之書仿於常道得之
華陽國而唐李吉甫之元和郡縣志繼之而作及宋
東史撰太平寰宇記頗識李之漏鈌故搜擴繁富人
物藝文多所登載自是而後修志者於星野建置沿
革疆域道里田賦戶口關塞靡不羅列李君所分之
三十六事皆此類也書有目録茲但舉其大畧云爾
也
賜進士出身雲南分巡迤西兵備兼管水利道歷任戶
科掌印給事中掌廣東道監察御史戶部江西司員

外郎陝西司主事翰林院庶吉士加三級紀錄十五

次芸閣常恒昌譔

道光十五年歲在乙未嘉平月中澣　穀旦

續修定遠縣志序

粵稽定邑本號髳州謞者乃目以年改專又名為濮維髳與濮早見牧誓之篇目漢洎唐皆楚天府之籍蓋其星分井鬼西蜀相聯故爾界近瀘徼南滇並著在邑人修張其說王會已圖周初緣通志沿習相傳

舊聞遞陳

昭代亦猶首陽非一競表孤竹高蹤且朝赤壁有三羣矜周郎偉績信以傳信疑以傳疑原筆之大凡非是曰非是則曰是亦公評所宜慎姑無具論載考此疆漢是兩司馬繼駐輪蹄諸葛武鄉侯曾麾旄鉞衆

名曰石飲馬之窟猶存罔識卧龍渡瀘之踪可認雖曰聲明文物有遜中州顧承涵育薰陶同躋壽域第詢邑乘久曠歲華自康熙四十有一年張令初為創志歷福德十餘三紀李侯加以續修單簡顯微之闡幽肆力以集思廣益彈丸雖不遺棄椽筆樂為表章遂使象嶺獅峯地志可參一統抑兼延久無任風流足壽千秋爰勒成書聿存古道予臨七邑夙釐一心竊欲歷叙列城庶得少安守郡爾乃事詳蛉水額刺史近為重修蹟表就江蘇邑侯落曾肇廷期之責曰得總具成即此當前丕彰厥績兹值培階大

尹獨絜綱維適又霖峰廣文佐明條理於是百年文獻弗至淪胥四境封疆彌加慎固一節之可貞不沒三善之晋惠畢流忠孝節廉人心大能感發詞章詩賦文苑得所師資惟信於今可傳於繼將見群才輩出乎分東井之光循吏相承廣布孳陽之化允歸功於此簡應收效於期民嗣以誌之告諸來者

道光甲午年季秋月上浣知楚雄府事晋沃裴驄序

定遠縣志序

志猶史也史以紀實無所傅會謂之信史稽定邑舊志唐武德四年置西濮州貞觀十一年更名髳州後訛稱牟州是髳濮二名肇自唐初而邑之人據牧誓之髳濮即謂定遠在周已入王會圖按髳濮二夷名集傳云髳在巴蜀濮在江漢之南相去數千餘里定邑彈丸之區其不能兼此二國固不待辨周時疆域不及我

朝三分之一其所謂夷多在今之內地孔子刪詩不採楚風而楚入春秋始書荊繼書人皆以其為夷而外

之況定遠距楚甚遠猓玀雜處其時尚未與中國通且濮之見於傳記其說亙異逸周書伊尹為四方献令正南百濮詹桓伯辭晉云巴濮楚鄧吾南土也爾雅南至於濮鈆㯿此則濮在西南無疑而左氏紀衛成公居濮以戢方考之其地又在山東東昌府屬按庾與記濮鄄城隋改為濮州說文水出東郡濮陽南入鉅野經鈆子河名濮水又濮俗截大竹為筒以注水謂之濮竹是濮非一名亦非一地如必拘文牽義強為附合彼四極之遠東至於泰遠即可以魯之泰岱當之西至於邠國即可以公劉之居邠當之是四

極又甚近矣膠柱鼓瑟謂非誣歟今予續修邑志恐

其一字之誣誣全書也因釐正之以成信志

道光甲午季秋月

賜進士出身知定遠縣事培階李德生書於鬖陽官舍

定遠縣志序

昔歐陽修續新五代史以付史監故文定作舉要以
續通鑑
國朝倣朱子遺意以續綱目皆所以正其誤補其缺續
成具書也修史然修志亦然修一統志者志郡志皆
然修縣志亦宜然定邑漢屬越巂郡蜀漢為髳州唐
置西濮州宋為高氏所封地元歸版圖設州領縣明
設守禦而置縣屬楚雄我
朝定鼎以來誕敷文德化及遐陬駸駸乎風氣漸開人
文代啟康熙四十一年邑宰張公彥紳尋獲舊志抄

本加以搜輯校訂付梓成書綱舉目張釐然畢具去今百餘年間夫豈無天時之徵驗人事之變遷官司之撫綏俗尚之移易以及嘉言懿行棧坊表於生前苦節冰心埋幽芳於地下者於此不修後將無稽絶續之機正在此時道光癸巳之秋適值培階父臺以中州名進士來宰斯邑清慎寬敏百廢俱興而獨慨夫縣志缺遺毅然以續修為己任更懇懇專以表章潛德為急務誠美意也盛舉也 沂忝司學校責勿容辭爰集同志諸人旁搜博采互相讐校本之通志以植其綱參之郡志以正其訛核之舊志以補其闕

採之故老者耆舊誦說傳聞殘碑片帙以稽其實聚古今於須臾收幅員於咫尺匪特令前乎此時乎此者一矚目而利弊較然風土悉備將俾後乎此志於以俯壽民生仰贊

聖治取諸此而已足矣則今日續之祇彙為一時之實録而後人採之即據為千秋之信史詎不懿哉是為序

旨

道光甲午年季秋上浣之吉

教諭水其沂霖峯氏撰并書

定遠縣志序

志以記事所以信今而傳後也事有可徵則書之事屬可疑則闕之書之而信志傳闕之而不信者亦傳惟信斯傳後之視今猶今之視昔也定邑舊志康熙四十一年邑侯清河張公手自輯成綱舉目張志地理而沿革分野山川古蹟傳志建置而城池官署學校水利傳志官師人物而秩官名宦忠孝節烈選舉鄉賢傳志祠祀而廟壇寺觀傳志食貨而田賦戶口經費課程傳至於典禮風俗物產祥異藝文雜記俱彰彰彝無一不傳然前乎此者傳而後乎此者無傳

迄於今時事變遷文獻凋残石碣蒼碑風雨剝蝕幽光埋没芳型湮鬱至某人某事何德何行詢之子若孫亟不識祖宗之名詢之薦紳先生盡屬爲荒唐之之説無從而信之又何得而傳之癸巳秋培階父師以中州名進士來宰擧陽廉明仁恕百廢俱興獨慨舊志鈌畧鋭意續修爰命元等專司其事輯成此書元不辭勞瘁博採旁搜訂僞袪妄不敢失之簡失之濫失之固與誕而惟期其可信亦不敢狥人情邀人譽避人議與謗而惟期其可傳信於今而傳於後庶不負

父師修志之意也夫康既與前相符而傳諸不朽也夫

道光十五年歲次甲午季秋癸酉拔貢李慶元識

原敘　　楚雄府知府章文鑣

國家武功大定文德誕敷海隅率俾中外一統

天子特命儒臣纂修

清志因

詔天下各進省志定志已附諸滇志矣然定雖小邑使

無成書而缺畧遺憾焉其何以揚太平之化昭無外

之規而垂諸永久也哉況定在先時風俗澆漓文教

未振今沐

聖化返薄還淳鑒已往而範將來修之誠不可不亟亟

也然而未易言矣非時際其盛數當其可得其人專

起而任之不可我張年翁昔從
王師征復滇黔綰符榆郡久播賢聲今歷西邑作牧定邑
整頓撫循百廢俱興獨慨定志忐缺專未備加意重
修條理有次書成問序於余余見其事實而切文約
而雅既不失之泛又不失之誣誠時際其盛歟富其
可得其人專起而任之故能斟酌損益底於盡華於
以揚太平之化昭無外之規而垂諸永久非徒曰有
光吏治亦千百載不朽之盛事也因允其請而為之
序

查知縣張彥坤而抄別處文中
俱稱張彥紳足証此處之坤字誤

原敘

知縣張彥坤

志猶史也史以紀一代之規模志以載一方之原委未可任其闕畧而忽畧視之也定舊有志俱皆抄本其間蒐訪弗精雜亂無次難以傳信良可慨夫余莅定之三年諸務漸興欲舉定志而重葺之乃屬紳士因其遺文相為考訂以治道莫先於域民故首之以地理而沿革分野疆域形勢山川古蹟勝景風俗統專矣庶政莫先於設險故繼之以建置而城池官署學校書院義學分司關梁鋪哨塘堨惠政井泉村屯統專矣事神必有其地故祠祀次之而廟壇寺觀樓

閣第之於三治民必得其人故官師次之而官制古宦縣職教職典史土舍第之於四志食貨以財力之富節也故第之於五者有田賦丁賦戶口里甲課程經費物產志人物以文望之宜優也故第之六者有甲科鄉科貢士監生鄉望孝行節烈仙釋流寓隱逸次七曰藝文則有記有序有文有詩所以稽往事而詔來茲也次八曰雜記則有氣候歲節典禮考校兵防所治倉房靈異災祥所以資考驗而佐監戒也分為八類盡茲全邑付諸梓人勒為成書俾後之人覩定志者傳為信史專耳

定遠縣志修輯姓氏

總裁

欽命兵部尚書兼都察院右都御史總督
雲貴二省等處地方軍務兼理糧餉
紅帶子　伊里布

欽命兵部侍郎兼都察院右副都御史巡
撫雲南等處地方贊理軍務兼理糧
餉　何煊

欽命提督雲南全省學政翰林院編修加
三級紀錄六次　李嘉端

鑒定

欽命雲南等處承宣使司布政使加三級 潘恭辰

欽命雲南等處提刑按察使司按察使陞

浙江布政使司加三級 錢寶琛

欽命督理雲南屯田糧儲分巡雲武地方

兼管水利道加三級紀錄十次 沈蘭生

欽命督理雲南通省清軍鹽法道加三級

紀錄十次 王贈芳

欽命分巡迤西兵備道管轄大楚永景順

麗蒙永等處地方加三級 常恒昌

特授雲南楚雄府正堂兼白井盐課
直隸提舉司銅政議叙加十四級紀
録十次　裴驄
署雲南楚雄府兼攝白井盐課直隸
提舉司事永昌府正堂加五級紀録
十次　周澍
賜進士出身定遠縣知縣李德生
定遠縣學教諭水具沂
校閱
署定縣教諭鎮南州訓導羅桂林

壬子科舉人彌勒縣教諭唐昌錫

經理

定遠縣典史陳茂桂

張大晟

定遠縣駐防丁占魁

纂輯

癸酉科拔貢李慶元

分纂

壬辰科舉人唐毓俊

恩貢生李青獻

歲貢生 朱燦和

編次

乙未恩科舉人 夏長年

歲貢生 王履泰

採訪

世襲琅鹽井土巡捕 李大源

壬午科武舉 余銓泰

廩生 張元慶

孫文英

黃世彥

生員
杜士瓊
李鼎元
萬棨
陸正邦
沈元候
楊俊
楊濟川
陳訓典
從九品
劉維漢
朱文佩

監　　生　謝何昇
沈元魁
校對
廩　　生　饒邦華
馬國珍
梁國棟
繕本
戴聯申
生　　員　金廷珍
錄稿
生　　員　朱慶恩

朱蔭棻

凡例

一舊志成於康熙四十一年張公彥紳纂修歷今百三十餘年其中宜增宜删或詳或畧悉加整正務期允當一切綱目體例俱依通志

一按星野山川乃天地自然之位置疆域建置王者慎固封守利用前民之制度人之所為與天之所設不同元明迄今疆域無改建置各異惟修濬城池修葺壇廟增築閘壩橋樑井泉宜備載之以誌前功

一學校文廟配祀賢位丁祭東章春冬舉行鄉飲酒禮舊志闕畧未載宜補入新志書院義學歷年間有修

癈者亦續載之所以彰明典禮肅清學校昭茲來許也

一風俗戶口田賦課程經費積貯舊志所載悉備但百餘年來奢儉異俗繁減異數出入異費有與舊志未盡合者茲更細為稽覈以紀其實第鹽政雖不屬之官緜於民消而前此食鹽之苦宜備載之以為永鑒

一物產固乎土宜他邑有者此地無之豐耗不同古蹟時代遞更閒有湮沒大較今亦猶古惟祥異一条實屬天人相感休咎立應宜讀記之所以謹天戒惕人事也

一祠廟以昭祀典秩官以撫人民兵防以靖地方名宦鄉賢以報功德選舉人物文學以尚賢能應增者續載之於以表揚前型勸勉後進

一隱逸流寓仙釋有則書之無則闕如至於土裔代有承襲夷俗漸有變更宜詳記之俾後之人知世官受恩之渥用官變夷之適異

一忠孝節烈發於至性至情而維持綱常人心觀感實係於此查舊志所載已旌未旌者寥寥數人恐勵節生前湮沒地下者正復不少茲特廣為採訪詳請咨題雖一節之美必為表章非濫也亦善美從長之意

專耳

一藝文非徒競尚詞華惟實實有關於此地民生大事始錄之故所載碑記為多至文人吟景物抒情懷畧取一二以為采風者之一覽

一志乘與鑑史同例狥情濫予則失於偽私挾嫌指摘則失於鑱刻一字襃貶千秋榮辱關專茲編雖經紳士採訪必詳加考覈不敢堅執己見亦不敢盡信人言而其間考据未精蒐羅未富不無遺憾叅訂潤色是所望於博雅者

定遠縣志目録

卷之四

卷之五

定邊縣志　卷一

星野圖畧

井宿步天歌

井八星近列河中静一星名鉞井邊安两河各三南北正天罇三星井上頭罇横列五諸侯侯上北河西積水欲覓積薪東畔是鉞下四星名水府水府東邊四星序四瀆横列南河裏南河下頭是軍市軍市團圓十三星中有一個野雞精孫子丈下市下列各立两星從東說闕丘两個南河東丘下一狼光蒙茸左畔九箇彎弧弓一矢擬射頑狼胷有箇老人南極中春秋出入壽無窮

鬼宿步天歌

鬼四星册方似木櫃中央白者積屍氣鬼上四星是

爟位天狗七星鬼下是外廚六間柳星次天社六箇

弧東倚社東一星是天紀

按天狼弧矢在井鬼南主南夷之地占南夷者必於

狼則志滇分野者必於井鬼此象之可據者也考禹

貢梁州之域天文井鬼分野在井三十度鬼初度之

閒通志云大理在井二十六度以是準之楚雄上定

遠各屬當在井二十七度

氣候附

楚雄地高於會城而定遠地又高於楚城故具氣候較暖無大寒暑明修撰楊愼詩云天氣渾如三月裏花枝不斷四時春亦可驗氣候之溫和矣

定遠四時溫和無酷暑亦無嚴寒冬春多風夏秋多雨冬日不大短夏日不大長隆冬霜雪頗少盛夏雨澤頗多地高者宜蕎菽平者宜穀黍

疆域圖畧

考周禮大司徒掌建邦土地之圖又職方氏掌天下之地圖而隸於司馬圖籍所由昉也我

朝命何臣纂修一統志依仿前明体製縣合州郡郡合省總為一圖飭令郡縣皆為圖經地志藏其副於學校而總收於禮部貯於内閣此成周盛時所以佐王安擾邦國之遺志定遠雖屬荒陬邑分四界周圍三百餘里有山川之奥衍城池之險固衙置祠庙之壯觀瞻而懾人心玆繪為全圖俾覽方輿者展卷瞭如指掌矣

定遠縣志卷之一

滇陽李德生培階氏
九隆水其沂霖峰氏 纂修

山川

定邑之山自萬松山發源至連山坡起轉高山頂為諸山之祖由西北旋繞五老山東象嶺南獅峯西羊嶺北龍崗環供定城外一支自北水井灣分派轉東結白馬山綿亙層折結黑琅二井中一支轉東向南結會基山至石門山止又一支自西北分派歷松長至羅平関界其水二支一出雲龍山下一出斗箐河

二派合流由三十里至石門山入楚郡河其他支分派遠總與龍川江滙覽勝者可考而知也志山川

象鼻山邑東三里康熙四十年知縣張公彥紳移獅子山文峯搭於此以培風水

五老山邑東北五里定遠近峯來脉於此

天台山邑北十里相傳武侯駐師建七營壘繹絡如星遺址至今猶存

白馬山邑東六十里相傳唐僧取經回經此有白馬蹄跡晒經松至今猶存

中峯山邑東六十里綿亘千仞絶峯聳峙躋其巔者有一覽衆山小之概建有洪道菴寺

獨立山即磨盤山一名諸葛山邑東北二十里形如圓樹相傳孔明經此異掘之斷左右以洩王氣下有白石泉大理陳時雨有詩

石門山邑東南三十里二山相向壁立零川出其中波濤澄洄曲折瀉出

大江坡 邑東南四十里出度通由此立大湾哨

獅子山 邑南三里環曲如屏形類獅子有觀音寺山可遠望人多遊乐

會基山 邑南四十里綿亘五十餘里羣峯環拱參錯爭奇赴楚雄府由此立會基関舖太守卲繳有詩按庚輿記定遠會基山高三千仞有五十餘峯繽境羣山之脈統於此

羊牟尼山 邑西四里武候有望子洞

烏龍山 邑西二十里

赤石山 邑西二十里山多赤石其東有零川河

化佛山 即目久山邑西三十里方度四十餘里洞泉深碧樹葉落水常有双翠鳥啣去天晴亦有雲霞布護相傳有龍潛專禱雨輙應近多僧刹頗拉名勝

黄龍山 邑北三里蜿蜒而來其勢如龍

劉大山 邑東二十里山高林密路通元謀上立有哨即今清水河

雲龍山 即連山坡一名卧龍山一名文龍山邑西北二十里延袤六十餘里武候遺跡所在文龍川出其下連山坡餘下壩兩哨建於上大姚往來衝要大理陳時雨有詩

奇峰山 寺有千葉梅一花五實

寶應山

筆架山

魚池山

鰲峰山 邑東三十里琅井

鳳山 山勢翔舞與虎嶺對峙

虎嶺 山勢雄莽與鳳山對峙

金榜山翠嶂如屏旁有瀑布

絕峰頂山峯峭峻高入雲表

玉璧山望如玉璧高出群山

龍門山

雞冠山

萬春山邑東六十里黑井

清水河邑東二十里

苴苗河邑東六十里

青場河邑東七十里

零川邑東七十里又名直苴河

大基河邑東北三十里

木土龍河邑南二十里

茶小溪邑西十里

龍川江一源出邑西二十里斗箐河一源出邑北十五里老虎箐二派合流自西北迤邐而南而東三十里至石門山會流入郡城大河

紫甸河邑西四十里其水流入鎮南五奔河經郡城合諸水東流達黑井滙入金沙江

文龍川邑北二十里雲龍山下

猛岡河邑北一百二十里

琅溪龍溝琅井

建置

惟王建國爵列五等自秦置郡縣後世因之定邑古稱百濮地戰國屬楚歷漢唐宋元互有建置或爲西濮州或爲髳州或爲定遠州更改不一但地屬滛鄀不過覊縻明入版圖降州爲縣我朝準古酌今規畫盡善將屯賦井縣而黑琅井地仍屬專世代雖更沿革可稽也志建置

唐虞　南交昧谷之交

夏商　梁州域

周　合梁於雍爲百濮地

戰國　屬楚雜蠻居之名曰直睓

秦　滇國地通道置吏

漢　屬益州為越嶲郡將軍郭昌南征經此駐師

蜀漢　屬蜀地建興三年諸葛武侯南征營於此路入越嶲五月渡瀘擒孟獲於慶甸道遠之餉犛州彝從睒北運蕎菽至因擒孟獲武侯有造於犛人受戴如此

晉　屬安州

東晉　為爨蠻據

唐　武德四年置西濮州貞觀十一年更名犛州

後訛稱年州尋没於蒙氏遣爨蠻酋按蕓鎮之窠城曰耐籠按唐韋仁壽檢校南寧都督寄治越嶲將兵五百人至西瀰河周歷數千里蠻彛嚮風歸附仁壽承立七州十五縣西濮州其一尋改髳州

宋

段氏據大理國時高昇泰專國改按蕓故城僭稱大中國其地有名黃蓬奔即今定遠地

元

憲宗四年取耐籠城立年州千户至元十二年改爲定遠州領南寧一縣尋降爲縣裁南寧縣入專隸威楚路

明　洪武二十一年設定遠千戶所二十四年復
　置定縣屬楚雄州
本朝順治十六年收雲南入版圖仍名定遠康熙五
　年裁定遠所屯賦併縣

官署附

定遠縣志在城内西北隅洪武二十四年建官廨自萬歷十三年知縣張公應台任創萬歷三十八年知縣解公順祖任修後年遠材朽康熙十一年田公元凱重修三十九年冬知縣張公彥紳率士民捐修重建後樓三間左右翼舍各二間左右樓各三間建二堂三堂匾曰敬爾堂左間月樓二間右清嘯堂二間左右廂房各三間又左述古軒三間瑞荷堂三間前列方池甃以石方廣二十餘丈署知縣趙公秉清建閣於上厨房三間又右箭場三間建大堂三間匾曰

保赤堂左右為神祠各二間堂前建
聖諭坊一座扁曰大哉王言大堂左右書吏房各五間左右差房各一間左吏房一間儀門三間左右角門二間儀門左寅賓館廢右鄉約所廢大門三間大門左建鐘鼓樓一座扁曰鎮西樓創於明萬歷十三年知縣張公應台建其樓南向名達觀樓三十四年知縣鮮公順祖重葺東向名逈暉樓年久傾圮康熙四十一年知縣張公彥紳以西右近城樓白虎聳峙虎壓於龍災祥不一捐建向西名鎮西樓年久全傾知縣邵公世培新建樓二層較前增高規模整肅鋪獄各

三間在縣署右

學署

舊制儒門三間儀門一間明倫堂三間後堂三間左進德齋右修業齋各一間創建無可考年久將傾康熙四十一年知縣張公彥紳仍其舊址建明倫堂三間大門三間後宅三間廂房左右共四間堂房三間建於明倫堂之後康熙四十三年教諭張惠可復修書房三間嘉慶十年教諭楊先岸重葺學署大門道光十一年教諭水公其沂重修書房添興文祠一間於明倫堂左側

典史署

大門一間儀門一間大堂三間右土地祠一間書吏房一間左差房一間二堂三堂客房一間上房三間二堂乾隆五十九年典史李世麟重葺大堂右側單流所一間嘉慶二十五年知縣許公應元典史閆綏周同建儀門左側單流所一間道光十二年知縣邵公世培典史閆綏周同建

土衙舊在錦石坪地康熙年間移建城北隅

所治分司署在北街明嘉靖二十八年建久廢舊址無存

官廳邑南門外乾隆五十九年知縣史公襃建典史李世麟土主簿李毓英監修

演武廳 邑東里許嘉慶六年知縣王公之采建七年知縣王公篤慶補葺武舉朱燦琳監修

牲税房 邑東北隅木植朽壞道光十四年德生重修添平房一路以便買賣牲畜人避風雨憩息

公館 在楚雄西門外康熙五十五年知縣孫公爾振仝士民捐建樓房三間隙地三塊為園圃路徑一条通往來另買店房一所乾隆四年知縣沈公堂修補樓房新建廂房二間大門一間題樓額曰即安樓年久廂房傾圮道光元年重建定邑至郡者信宿於此店房出賣無存

倉基關公館 觀音殿右側知縣郡公世培捐廉建功未竣道光十五年德生董其成

疆域

古者司空授土度地居民畫郊圻固封守所以定民志而專職任也定邑地屬彈丸東僅百里西南五十里北六十里黑琅二井人民土地俱在不百里之内然有分地無分民是在官斯土者經理疆界因地制宜為民保障也志疆域形勢附專

東四十五里至要駝交廣通縣窑苴橋界

南五十里至會基關下交楚雄縣水塘哨界

西三十五里至化佛山下交鎮南州石嘴界

北一百二十里至萬春廠交大姚縣猛岡河界

東南四十里至大江坡交廣通縣大灣哨界

西南四十五里至羅平關交鎮南州白沙井界

西北四十里至大燒屯交姚州小哨界

東北九十里至河乙哨交元謀縣白沙灘界

琅井在縣東四十里黑井在縣東七十里二井俱屬

縣地寶泉鄉

縣距府一百二十里距省四百五十里

形勢

獅山前拱龍岡後盤象峰左峙羊嶺右蹲四圍險絕

東黑盐井南會基關西羅平關北連山坡諸處皆極

險阻中撫平川長二十里濶五里許斷姚安之臂扼武定之吭頗稱要固琅井層巒四塞一水中分黑井峭壁怒濤中通一線爲滇南財賦之區

城池

金城湯池以衛國也崇墉濬洫以示險也定邑洪武始築土城成化甃以磚石導文龍江之水流入城西自西北繞東南而爲城隍藩籬之衛苞桑之固恃此矣易稱設險守國書紀申畫郊圻具斯之謂輿志城池坊表津梁附專

唐武德四年置西濮州貞觀四年更名髳州舊有城尋没於爨蠻築城名曰耐龍

元至元十二年改爲定遠州築城至今治北十五里地名吕交城領南寧一縣築城在今治南十里新店

房尋裁南寧縣廢

明洪武二十二年移建於今治築土城成化改築磚城高一丈餘周圍一里三分計三百九十七丈零門三座東曰清平門南安永安門西曰太和門北門閉崇禎乙酉九月吾賦倡亂由元謀篡定遠城乙酉冬沙賊刼邑城傾圮

本朝康熙十二年知縣田元凱重修濬有池深五尺濶一丈引龍川江水分流至城西北隅環繞北東南三門委折從西南隅閘口流出仍達於江源流不竭附郭之田資灌溉朞日久沙汎淤積乾隆六十年知縣

史公襄募民夫濬鑿
康熙四十二年知縣張彥紳新開北門名太平門又於
城西隅水閘口蓋轆房二間安水轆一座今廢
東城樓年久傾圮乾隆五十一年知縣郭公士衡重
建二層題曰迎曦樓道光十五年六月德生重修南
城樓康熙四十年知縣張公彥紳重建嘉慶十八年
知縣曹公鎬重修道光十三年城垣傾十四年三月
德生修葺
西城樓康熙四十年知縣張公彥紳重建年久傾城
垣亦壞道光十一年知縣卲公世培重修駐防丁公

占魁督工募民夫葺城垣建城樓三間中一間作倉厫部公置穀京石六百石積貯具中題額曰惠民倉北城樓在北極樓左作璽官祠嘉慶十七年城垣傾十八年知縣曹公鎬修葺

街

城中列東南西北四市

東界軍村

金馬坊　朱家山　清水河　楊家山　杜家杜

蒙恩屯　萓尤屯　花棒村　發科屯　李家灣

長冲屯　陸家冲　蟠龍村　的石磨　石扳溝

妥陀村

東界民村

清波邑　共山河　七家村　石堦坡　官村

羊蹊苴　三道河　凡雀村　黄草嶺　麥冲

小井村　七局村　矣朵羅　松平界　把閣

三家村　小蒙龍　何敢郎　蒙龍哨　阿凡村

桃苴村　舍人村　安乐村　羅武村　羊舊河

色得村　巔羅箕　乾海資　觀音塘　直苴村

西七古　罵哈鲊　黄草壩　大力石　地雜村

一碗水　白沙灘　阿矣哨　的七磨　老納村

大田村　大煉坪　河底村　背龍村　羊和村
尼苴甸　香貝村　海資哨　大冲村　小力石
白草地　阿糯口　新村　姚家海資
南界軍村
發科屯　龍馬池　謝旗屯　飲馬塘　菜屯
萬斛塘　西冲屯　鳳頭甸　民乐村　石頭河
福土龍　上米村　下米村　鄧官屯　双樓屯
黄蓮塘　散花洞　碗碴屯　羅旗屯　方家屯
沈家屯　喜省窩　八道河　小倉屯　囤子倉
和乐社　乾海資　江家冲　小力歪　花保花

沙羅鎮 羅木排 大江坡 錦衣寨

南界民村

錦石坪 高軍屯 白沙河 必古龍 大力歪

會基閧 木土龍 喜雀窩 鳳頭甸 莊子村

力歪麼 革衣鮓 者鴣營 大灣哨 石門

西界軍村

紙房屯 習家河 羊年尼 柳樓冲 詹官屯

乾埧村 河節冲 伍家碾 楊旗屯 蕎地車

天仙堂 卓官山 站馬驛 驛字站 包得村

伍庄村 力此麼 他溪河 伍納本 處卜龍

羅鍋甸　米白村　鋪魯村　腊灣村　大灣庄
龍泉閧
西界民村
趙旗村　旗常村　蕎地車　羅不車　龍灘屯
色得村　把度魯　上茶村　小力黑　大扎苴
老豆冲　石埧村　力此麼　他溪河　糸麼力
九龍甸　先華寺　迷樓郎　松長村　冲口村
北界單村
鎮南樂　白塔屯　沙鍋冲　北山寺　石羊井
山庙屯　小倉屯　西山寺　曹家河　先法寺

賈溪塘　天皇廟　申官冲　梁官屯　雲龍口
食舊村　周德村　吕交城　看燈村　小古歪
清水河　𥿄柒河　水冬瓜　新村
北界民村
倪家冲　毋魯打　扒毛朶基　古崖
老虎箐　斗嘴　扒苴擺來　双尾
清水河哨
里舊制編四里曰清和里曰紫甸曰松長曰寶泉續
增二里曰和義曰德化復分寶泉為二共七里後改
紫甸和義為一里曰紫義並松長寶泉曰松寶黑琅

二井編入松寶康熙六年裁定遠守禦所悉歸縣轄
康熙八年奉文躧丈知縣黄朝彥改鄉歸界軍屯悉
為民田

坊表

道冠古今坊文廟左
德配天地坊文廟右
文治昌明坊文昌宮
文明坊南街
忠惠坊南街
清平坊東街

永安坊南街

太和坊西街

永鎮坊北街

科甲聯先坊在西街明天啟進士周昌祚立今廢

鼎平人瑞坊在東街百歲陳德峻立

聚秀流芳坊邑南十里萊屯明進士周昌祚立

李楊氏節孝坊在北街土官李濬妻楊氏立今廢

唐李氏節孝坊在邑南十里萊屯唐廷對妻李氏立

李王氏節孝坊在邑東九十里蟠龍村李森榮妻王氏立

金田氏節孝坊在邑西二十里喬地車金淳妻田氏立今廢

津梁

東門橋邑東門外

南門橋邑南門外

西門橋邑西門外

北門橋一在城北門外康熙四十一年知縣張公彥紳建一在土主庙前

濟通橋在城東二十里明萬歷十八年軍民同建

土河橋在邑北十五里明萬歷三十年紳士軍民捐建

利濟橋在城東十五里雍正元年知縣孫公爾振同紳士軍民建

觀音橋在城南三里雍正四年邑士民建

石河橋在邑南二十里明萬歷三年閤邑捐建

會基橋　在邑南二十里雍正五年邑民王天祥建

迎恩橋　在城南三里康熙四十一年知縣張公彥紳建

永定橋　在城南二十里前知縣袁公率衆創建河水張泛石盡湮沒康熙四十一年知縣張公彥紳率紳士里民重建

雙橋　在城北三里康熙四十五年閻邑捐建

玉潤橋　在城南十五里邑士民捐建

拱極橋　在城北三里康熙五十六年知縣孫公爾振率士民捐建

天神橋　在邑北四十里康熙五十六年闔邑捐建

龍川橋　在邑西一里許西來寺右舊有木橋年久傾圮康熙四十一年重建年久又沖傾後移建西來寺前復被水泛木植無存嘉慶二十五年知縣許公應元率士民公捐重建至今民

無病涉

光法寺橋舊有木橋年久秋雨漲之冲傾無存康熙四十二年知縣張公彥紳鳩工重建

大石橋大城北五里康熙四十年知縣張公彥紳建乾隆年間鍾公聲峻重葺

玉帶橋邑東四十里琅井

五馬橋邑東七十里黑井

定遠縣志卷之二

滑陽李德生培階氏
九龍水其沂霖峰氏纂修

學校

古之教者家有熟黨有庠州有序国有學良以化民成俗必由於學而涵育薰陶人才輩出也邑自明開甲科風氣蒸蒸日上我
朝崇儒重道昌明正學興賢造士規模較前代為尤備復頒各種書籍發以廣見聞又建書院義學以育人材士幸生其時有不期明体達用蔚為

國華手志學校書院義學附專

廟制

文廟明嘉靖二十六年丁未提學胡公名允因署縣篆知事沈河文詳請題允始命建學接署縣篆劉公名溯建在縣治東南知縣越公民表繼修大殿五間東西廡各七間戟門櫺星門各三間 啟聖祠三間

國朝康熙十年知縣黃公朝彥重修十二年知縣田元愷繼之二十四年知縣曹公振玔以 聖祠狹隘捐買民地易以閣祀崇聖於上重新大殿兩廡名宦鄉賢戟門櫺星門外建德配天地道冠古今二坊前置

皇壁四十一年知縣張公彥紳因木植朽壞捐廉重
葺樑棟大殿丹墀兩廡土地盡鋪磚石前後牆垣塗
以丹堊重葺堊壁成美富之觀雍正十一年知縣唐
公世梁重葺乾隆二年知縣沈公堂復為丹楹十三
年知縣彭公如璋捐廉士庶輸資升殿基高數尺兩
廡重更木料且漆彩繪越二載告成規製視前益宏
泮池在大成門外明末毀於兵燹年久未葺僅存
遺址康熙四十一年知縣張公彥紳始疏池引水乾
隆七年知縣梁公松齡增建石橋珽以廻欄務於櫺
星門内第地勢窄為地淺狹夏秋積水冬春輙涸道

光十一年儒學水公具沂倡首率通學捐貲移修於
櫺星門外新甃磚石橋高池深水波瀠洄文筆倒影
映射有情

正殿

至聖先師孔子神位金像前列木主
漢元始元年謚襃成宣尼公永平二年祀稱先師晉
宋梁陳隋稱先聖北齊稱先父唐武德二年配享周
公稱先師貞觀二年停祭周公仍稱先聖開元二十
七年謚文宣王宋咸平元年加號元聖大中祥符五
年避聖祖諱改至聖元大德十一年加號大成明嘉

請九年定木主制題至聖先師去王號及文宣之稱

國朝康熙二十三年

聖祖仁皇帝御書萬世師表匾額康熙二十五年

御製至聖先師孔子贊序刊碑雍正三年

世宗憲皇帝御書生民未有匾額四年

上諭避孔子聖諱乾隆三年

御書與天地參匾額嘉慶三年

御書聖協時中匾額

東配

復聖顏子

述聖子思子

西配

宗聖曾子

亞聖孟子　四配俱金像前設木主

魏正始時進復聖配享晉宋及隋唐皆稱先師宋

元佑二年進述聖配享唐總章二年進宗聖配享

宋元豐七年進亞聖配享明嘉靖九年去爵號為

木主制康熙二十八年

御製顏曾思孟四子贊刊碑

東哲

先賢閔子損　冉子雍　端木子賜
仲子由　卜子商　有子若
西哲
先賢冉子耕　宰子予　冉子求
言子偃　顓孫子師　朱子熹俱木主
唐開元八年坐配堂上後升顏子配祀乃進曾子
居卜子次宋咸淳二年升配曾子位顏子下復升
顓孫子爲十哲明嘉靖間去封號稱先賢
國朝康熙五十一年進朱子次十哲稱先賢乾隆元年
進有子次十哲

東廡

先賢遽子瑗　澹臺子滅明

原子憲　南宫子适

商子瞿　漆雕子開

司馬子耕　商子澤

梁子鱣　冉子孺

伯子虔　冉子季

漆雕子徒父　漆雕子哆

公西子赤　任子不齊

公良子孺　公肩子定

鄡子單	罕父子黑
榮子旂	左人子郢
鄭子國	原子亢
廉子潔	叔仲子會
公西子輿如	邽子巽
陳子亢	琴子張
步叔子乘	秦子非
顏子噲	顏子何
縣子亶	樂正子克
萬子章	周子敦頤

程子顥　邵子雍

先儒公羊子高　伏子勝

董子仲舒　后子蒼

杜子子春　諸葛子亮

王子通　范子仲淹

歐陽子修　楊子時

羅子從彥　李子侗

呂子祖謙　蔡子沈

陳子淳　魏子了翁

王子柏　趙子復

吳子澄　許子謙

胡子居仁　王子守仁

羅子欽順　黄子道周

湯子斌

西廡

先賢林子放　宓子不齊

公治子長　公晳子哀

高子柴　樊子須

巫馬子施　顏子辛

曹子卹　公孫子龍

秦子商　顏子高
壤駟子赤　石作子蜀
公夏子首　后子處
奚容子蔵　顏子祖
句井子疆　秦子祖
縣子成　公子祖句兹
燕子伋　樂子欬
狄子黑　孔子忠
公西子蔵　顏子之僕
施子之常　申子棖

左子卬明　秦子冉
牧子皮　公都子
公孫子丑　張子載
程子頤
先儒穀梁子赤　高堂子生
孔子安國　毛子萇
鄭子康成　范子甯
韓子愈　胡子瑗
司馬子光　尹子焞
胡子安國　張子栻

陸子九淵　黄子幹
真子德秀　金子履祥
何子基　許子衡
陳子澔　陳子獻章
薛子瑄　陸子隴其
蔡子清　吕子坤
劉子宗周　孫子逢奇

兩廡從祀始自唐貞觀時明嘉靖九年從祀九十人及門弟子稱先賢某子左邱明以下稱先儒某子

國朝特增先賢先儒

崇聖祠

雍正元年奉

上諭加封　孔子五代改啟聖祠為崇聖祠

肇聖王木金父公位中

裕聖王祈父公位左

詒聖王防叔公位右

昌聖王伯夏公又左

啟聖王叔梁公又右俱南向主

配享

先賢顏氏無繇　孔子鯉 俱西白

先賢曾氏點　孟孫氏激 俱東白

先賢周氏輔　程氏珦

蔡氏元定 俱西白

先儒張氏迪　朱氏松 俱東白 木主

雍正三年奉

旨郡縣丁祭牲用太牢乾隆三年奉部頒定祭品

先師正位

帛三　爵三　牛一　羊一　豕一

登一 太羹 鉶二 和羹 簠二 黍稷 簋三 稻粱 籩十 形盐

薧魚　榛　栗　棗　黑餅　豆十　韭葅　芹葅
鹿脯　菱　芡　白餅　青葅　鹿醢
筍葅　醓醢　兔醢
魚醢　脾肵　豚胉　酒罇一
四配各一壇
每位帛三　爵三　羊一　豕一　硎一
簠二　簋二　籩八減黑餅白餅　豆八減脾肵豚胉
酒罇一
十哲東西各二壇
帛三　爵三　羊一　豕一　硎各一
簠各一　簋各一　籩各四　豆各四　豕首一
酒罇一

兩廡東西各一壇

帛三　爵各四　羊一　豕一　簠各一

簋各一　籩各四形鹽　棗　栗　鹿脯　豆各四菁菹　芹菹

鹿醢　兔醢　酒罇一

崇聖祠五壇

爵硎簠簋籩豆牲帛視四配

配位每位一壇

帛及籩豆簠簋視十哲用哲牲用羊豕各一減硎

羹

從祀東西二案

祭品視兩廡用三牲用豕肉一

儀注同正殿減飲福受胙樂舞

部頒樂器

雍正二年

編鐘　特鐘　編磬　特磬　琴一

瑟一　簫六　笛六　排簫二架

塤二　篪四　笙六　應鼓一

搏拊鼓二　柷一　敔一　麾旙二

羽籥三十六　旌節二

部頒樂章

迎神樂奏昭平之章

大哉孔子 先覺先知 與天地參 萬世之師

祥徵麟緩 韻答金絲 日月既揭 乾坤清夷

初獻東奏宣平之章

予懷明德 玉振金聲 生民未有 展也大成

俎豆千古 春秋上丁 清酒既載 具香始升

亞獻東奏秩平之章

式礼莫愆 升堂再献 響協鼗鏞 誠孚罍甗

肅肅雍雍 譽髦斯彥 禮陶東淑 相視而善

終獻東奏叙平之章

自古在昔　先民有作　皮弁祭菜　於論思樂
惟天牖民　惟聖時若　彝倫攸叙　至今木鐸
徹饌東奏懿平之章
先師有言　祭則受福　四海黌宫　疇敢不肅
禮成告徹　毋疏毋續　東所自生　中原有菽
送神樂奏德平之章
鳧繹峩峩　洙泗洋洋　景行行止　流澤無疆
聿昭祀事　祀事孔明　化我烝民　有我膠庠

聖像考

天下文廟之制上自大學下及各直省州衛郡邑

莫不易以木主而闕里尚用塑像或曰塑像非古也古者廟則有主以依神祭則有尸以像神無所謂像設也自尹事廢而像事興說者謂佛入中國始於漢明帝而後有像教而文翁古實已先有孔子坐像國語云越王命工以良金鑄范蠡而朝禮之則是周時已有此制不始於西來白馬也今闕里廟之有像或云起自東魏李珽考顧藹吉隸辨引漢勅後碑有改畫聖像如古國語又水經注云闕里夫子舊廟有夫子像列二弟子執卷立侍穆穆有容又云西址二里有顏母廟廟像猶嚴蓋

睹誤賭賭

珽之前已先有畫像至珽更設塑像耳夫禮有其舉之不敢廢也况闕里為孔氏家庙影堂之制亦先儒所不棄使後之子孫入寶出户有川睹形容而致其愾聞僾見之誠亦聖人祭如在之意也又家見藏紙本像三絹本像五紙本者一為燕居係失名一為唐吳道子畫司寇係一為明蜀惠王朱申鑿摹吳道子司寇像絹本者一為宋人摹吳道子司寇像有明神宗書宋高宗贊一為杏壇講禮像石壁下老松盤曲文杏雜列先聖執如意凭几誦授弟子拱立受教者一人執香爐立者一人拱

此字格尚端，文理全無，而「從行皆失名」實屬「失名」，非「失名」也，宜自正之。

手侍者二人群聚講業者十有六人内一人抱琴三人執卷飭或拱手或歛袖曳杖或行相問答凡弟子在列者二十人宋李唐畫一為觀欹器像明郭翊畫一為行教像從二弟子衣褶書論語丰部一為冕服像一為乘輅像先聖服司寇服乘安事一人執輿一人秉馬十弟子從行皆失名又考聖蹟圖諸石刻内行教像晋顧愷之畫宋太祖及真宗贊四十七代孫傳記曰家廟所藏衣燕居服顔子從行謂之小影於像最真唐劉禹錫新州廟碑謂華冠象佩取之自鄒魯者即小影也又四十六

代縣宗壽記曰家藏吳道子畫先君夫子按几而
坐從以弟十子此亦謂之小影其立而顏淵侍者
謂之行教行教已有不本小影但摩傳之憲久而
訛今亦刻之堅珉庶久不失其真也

定遠縣文廟舊設聖像四配像至詢夫像之何
自而設邑人莫知其由茲特採閱里誌文獻通
攷所載備錄之以為考古者之一覽定邑人士
讀聖人之書睹聖人之像庶幾如登其堂親炙
其人而肅然起敬也夫

學額

明嘉靖二十六年始建學設教諭一員文童歲科取十二名武童歲取十二名

國朝康熙三十二年添設訓導一員文童歲科取十五名武童歲取十五名廩增額各二十名三年兩貢黑琅二井明時未設學井童係定遠縣彙攷送府由府送道攷取撥入各學天啟二年署司事楚雄通判馬良德詳請開設井學巡撫閻洪學題准開學照州例設學正一員順治十六年開滇裁井學歸縣康熙二十七年學道吳自肅詳定井産如

前由井司分案攷試送府轉道攷取分撥各學三十九年定遠縣詳請井產歸縣案攷選四十一年井生員呈請仍前井地分案考錄童生楚雄知府章文鑛定遠縣知縣張彥紳持不可雍正三年巡撫相名時題黑琅二井各取附生八名由井送府轉院黑井試童歸本井攷琅井試童仍歸定遠訓導駐黑井

學宮祭器房產附

登一　匏斗一　犧鐏一　雲雷鐏一

壺鐏二　洗製一　折製一　鼎十三

簋十六　簠十六　鉶十六　爵盞二十四

毛盞二十四知縣張公彦紳捐鑄

一買奎文閣下鋪面四間東街口右鋪面一間西街口左鋪面一間右鋪面一間價銀三百零六兩遞年收租息作春秋丁祭公費

一杜買土舍李姓田一分大小三坵栽工二十七個秧田一坵坐落錦石坪納糧一斗五升價銀二百一十六兩招佃遞年收租供奉香火

文昌宫附

一買馬姓西街鋪面樓房左右二間價銀二百兩

遞年收租供奉香火餘作公費文廟管事經理

義學

文龍書院在城南隅明嘉靖丙辰年知縣越公民表因學右前邑候謝公錫所置隙地鳩工庀材捐俸不足濟以贖金命庠生李生敷榮陳生可久來生應舉滕生世祿李生繼顔董其事建廳堂號舍越二載告成題堂曰復初廳曰明誠東號曰時習西號曰日新題門額曰文龍書院年久傾圮康熙三十五年知縣袁公乃瀞重建平房三間四十年知縣張公彥紳就訓導舊署改建立書舍八間每年束修京斗米三十一石一斗五升七合嘉慶十六年知縣王公知杲率士民捐貲重建講堂一間後樓上下六格前後書舍十六格前後書舍十六格捐貢陳寧宇監修

東界清水河村離城四十里書舍三間雍正十三年知縣馬公德至捐設每年束修

查斗上脫一「京」字希自更正

斗米二十石

南界大江坡村離城四十里乾隆元年知縣沈公堂設立書舍報恩寺每年束修京斗米十九石五斗二升

西界臘灣村離城七十五里書舍樓房三門牆門一座雍正十三年知縣馬公德至建至乾隆元年知縣沈公堂捐設每年束修京斗米二十石

前文均號馬公德至惟此處號「馬公德玉」不知何誤希自正

查明係馬德至非馬德玉」

北界朶基村離城六十里書舍觀音寺前後六間雍正十三年知縣馬公德玉設每年束修京斗米二十石

本城義館設城東南隅孝義祠嘉慶十三年知縣葉公立塗添設裁四鄉館每年束修京斗米四石作本城束修京斗米十六石

書籍

欽定四書文二套　朱子全書二套

性理精義五本　周易折衷二套

書經二套　詩經彙纂二套

春秋彙纂二套　爾雅註疏一套

四書大全六套　四書解義二套

通鑑綱目十二套　明史一部一百三十一本

古文淵鑒四套　五華纂訂四書大全六套

近思録四本　資治綱目續編一套

大學衍義十二本　斯文精粹十二本

坐下脫落

全韻詩一套　磨勘條例十三本
學政全書一套　上諭二十四本

義學田

書院清水腊湾垦基學田明時士民捐輸義田一頃六十八畝三分又地九十一畝七分七厘大小十五塊雍正十三年知縣馬公德玉查清歸入義學

一坐落陽和村田大小三坵栽工十一個每年收京斗租米一石四斗八升三合　一坐花棒村田大小十三坵栽工三十個每年收京斗租米四石九斗四升一合　一坐落官村田大小十四坵

栽下脱工

栽工十八個每年收京斗租米一石九斗七升八合　一坐落南關外地九塊田三坵栽工十個每年共收京斗租米四石六斗九升　一坐落南關外田大小三坵栽四個每年收京斗租米五斗三升五合　一坐落南關外地五塊每年收京斗租米九石五斗一升　一坐落發科屯田一坵栽工二十二個每年收京斗租米一石一斗五升三合　一坐落方家屯田大小三坵栽工五個每年收京斗租米九斗九升二合　一坐落鄧官屯田大小二十三坵栽工二十二個每年收京斗租米二

石一斗五升四合　一坐落黄蓮塘蕭家冲地一圤每年收京斗租米二斗五升　一坐落楊旗屯小冲田大小五坵栽工八個每年收京斗租米一石一斗五升三合　一坐落河莭冲王家門田大小三十一坵栽工四十個每年收京斗租米七石九斗六升八合　一坐落羅磨苴本屯田大小四十二坵栽工二十七個每年收京斗租米三石二斗九升六合　一坐落光法寺本屯田大小三坵栽工五個每年收京斗租米七斗四升三合　一坐落溪河田大小四十坵栽工四十五個每年收

甸下落田字

京斗租耒十二石三斗二升　一坐落羅絲車田大小五坵栽工十九個每年收京斗租耒三石二斗九升六合　一坐落柳樓冲田大小四十二坵栽工四十八個每年收京斗租耒八石七斗三升　一坐落河節冲温家門首田大小三十七坵栽工四十個每年收京斗租耒六石四斗三升二合　一坐落先法寺田大小二坵栽工八個每年收京斗租耒九斗九升二合　一坐落天仙堂沙長甸田一坵栽工六個每年收京斗租耒七斗二升六合　一坐落天仙堂沙長甸大小二坵栽工七

個每年收京斗租米一石九斗　一坐落天仙堂
沙長甸田大小三坵栽工十九個每年收京斗租
米八斗九升三合　一坐落光法寺本屯田大小
四坵栽工二十五個每年收京斗租米三石九斗
四合　一坐落梁官屯大石板田大小五坵栽工
六個每年收京斗租米一石三斗二升　一坐落
山廟屯鄭家嘴田大小三坵栽工三個每年收京
斗租米五斗二合　一坐落西山寺海家箐田大
小七坵栽工十二個每年收京斗租米一石一斗
五升三合　一坐落小倉屯沙漓田一坵栽工六

二下合誤石

個每年收京斗租未八斗四升二石　一坐落小
倉屯沙長甸田大小四坵栽工十六個每年收京
斗租未一石六斗四升五合　一坐落小倉屯沙
長甸田大小八坵栽工十八個每年收京斗租未
一石三斗二升　一坐落西寺海家箐田大小十
五坵栽工二十一個每年收京斗租未二石四斗
七升四合　一坐落紙房屯習家河田一坵栽工
三個每年收京斗租未五斗二合　一坐落西山
寺南椮田三坵栽工九個每年收京斗租未九斗
八升八合　一坐落炉子冲田三坵栽工三個每

京下落斗字

一下廾誤斤字

南下榜字疑誤實屬傍字

年收京祖米六斗六升　以上田地額該正耗秋
米五石八斗一斤五合六勺二抄夏稅九斗九升
一合折徵米麥銀六兩五錢四分六厘一毛條丁
銀七兩四錢七分二厘八毛公件銀三兩四錢九
分一毫知縣捐完共收京斗租米九十一石一斗
五升七合給書院腊湾朵基清永永供束修大江
坡學田乾隆二年知縣沈公堂詳撥自在林故僧
洪西募置之田七分歸入義學　一坐落紙房屯
田四坵栽工二十一個每年收京斗租米四石八
斗　一坐落天仙堂沙長甸南榜田二坵栽工八

件下銀誤錢

個每年收京斗租米一石六斗　又天仙堂沙長
甸南樗田二坵栽工六個每年收京斗租米一石
六斗　一坐落雲龍口本屯田十坵栽工二十個
每年收京斗租米四石八斗　一坐落楊旗屯田
八坵栽工六個每年收京斗租米一石六斗　一
坐落蕎地車田二十一坵栽工十七個每年收京
斗租米三石二斗　一坐落蕎地車田十三坵栽
工七個每年收京斗租米一石九斗二升
以上額該正耗秋米七斗二合四勺六抄折徵銀
七分二厘條丁銀七錢六分一厘公件錢四錢二

分八厘係知縣捐完共收京斗租未一十九石五
斗升永供束修
文龍書院膏火知縣葉公立笙捐廉二百兩地方公
銀五百兩置產生息月給膏火趣等三分每名月
給膏火銀六錢轉等六分每名月給膏火銀四錢
童生四分上取二名每名月給膏火銀四錢中取
二名每名月給膏火銀二錢

慶典

萬壽聖節　元旦　長至　宣

詔

詔

萬壽亭行三跪九叩禮

禮典

鞭春　立春前一日具彩仗迎芒神土牛於東郊迎入署行禮次日届時鞭春

日月食救護　先期出示至期官吏同赴縣堂救護初虧食甚復圓三次行禮

每月朔望文武官傳集士民就市宣講

聖諭廣訓

鄉飲酒禮詣學署明倫堂舉行飲酒讀法

賓興

鄉試前於公廨設席結綵為圜門象月宮為橋曰月宮橋延諸生就試者登筵讌飲以俳優飾作姮娥折桂枝遍授諸生或肖斗魁踴躍之象讌終親送至月宮橋預賀科名

鄉飲酒禮

舊制京府及直省府州縣每歲正月十五日十月初一日於儒學行鄉飲酒禮前一日執事者於明倫堂依圖陳設坐次司正率執事者習禮至日黎明執事者宰牲具饌主席及僚屬司正先詣學遣

人速賓僎以下比至執事者先報賓至主席率僚屬出迎於岸門之外揖入主居東賓居西三讓三揖而後升堂東西相向立贊兩拜畢皆僎至介至如前儀既畢至各就位贊禮唱司正揚觶執事者引司正由西階升詣堂中北向立贊禮唱賓僎以下皆立唱揖司正揖賓僎以下皆揖執事者以觶酌酒授司正司正舉酒曰恭惟

朝廷率由舊章敦崇禮教舉行鄉飲非謂飲食凡我長幼各相勸勉為臣盡忠為子盡孝長幼有序兄友弟恭內睦宗族外和鄉里無或廢墜以忝所生

讀畢贊禮唱司正飲酒飲畢以觶授執事贊唱揖
司正揖賓撰以下皆揖司正復位賓僎以下皆坐
唱讀律令執事者舉律令案於堂之中贊禮引讀
律令者詣案前北向立唱賓僎以下皆立行揖禮
如前讀畢復位贊禮唱供饌案執事者舉饌案至
賓前次僎次介次主三賓以下各以次舉訖唱獻
賓主起席北面立執事斟酒以授主主受爵詣賓
前置於席稍退贊兩拜賓荅拜訖執事又斟酒以
授主主受爵詣僎前置於席交拜如前揖畢主退
復位贊禮唱賓酬酒賓起僎從之執事者斟酒授

賓賓受爵詣主前置於席稍退贊兩拜賓僎主交拜訖各就位執事者分左右主介三賓衆賓以下以次斟酒於席訖贊禮唱飲酒歌笙詩或三行或五行供湯三品畢贊禮唱撤饌候徹饌案訖賓僎以下皆行僎主僚屬居東賓介三賓衆居西贊兩拜訖唱送賓以次下堂分東西行仍三揖出庠門而退

律令凡鄉飲酒禮序長幼論賢良別奸頑異坐席間年高有德者居上高年淳篤者並之以次序齒而列其有違條犯法者不許干與良善之席違者罰

以違制敢有喧嘩失禮者揚觶者以禮責之主府知府州知州縣知縣并提舉如無正官佐弍官代位於東南大賓以致仕官為之位於西北僎賓擇鄉里年高有德之人位於東北介於次長位於西南三賓之次者為之位於賓主介僎之後除賓僎外衆賓序齡列坐其僚屬則序爵日正以教戢為之主揚觶以罰贊禮老成生員為之

風俗

教化操於上風俗成於下風有剛勁俗有淳澆惟

在上之修其教以齊其俗耳定邑漢夷雜處人心

渾噩至有明風氣漸開民知禮讓士尚科名迨

熙朝德化覃敷聲教四訖秀良澤以詩書椎魯勤於

耕鑿民風丕變夷民子弟亦有讀書列庠序者志

風俗漢人有自明初謫戍來者有遊宦寄籍者有

商賈置業入和義鄉籍者有勲庄奉文遞入民籍

者是以定邑多漢人

士知務學民鮮奢華男耕稼婦習女工不尚藻飾

淫風絶少貧賤之女不嫁為妾冠婚喪祭以及歲
時之禮與各處同崇重釋教亦釐為善
辳邑土瘠而水源涸辳民苦之不衍皆築塘垻以
資灌溉高田則全仰雨澤之時否歲豐歉皆因之
枝藝稲菽而外勤於種蔬山地則種雜粮近亦學
飼蚕者惜未知枝桑不敷蚕食徐而導之可獲繭
絲之利焉
織前之官於期者曾以紡織勸民或苦買花無本
或畏初學之難或嫌獲利之微故習業者寥寥而
布價昂貴惟望邑中諸君子協力興作俾有成效

則萬世之利也

工木石陶冶皆有之但造作以備器用而已無奇淫也獨陶器較良鄰邑取資焉

商地非通衢故商賈利微雖北通元謀馬街為滇蜀雜貨出入間道然人戶寥寥不甚消售亦無甚居積邑人無恒業多往廠地謀生赶馬街而貿易者

冠禮久廢今於婚禮前見於長者告成人受訓言則豈用冠禮童子得遇冠於學雖齒味成童亦冠焉

婚禮求親延氷人於家讌而拜之至諳婦家拜致
主人意婦家既諾下定儀收娶定期納幣然後親
迎其儀粧奩儉各隨其力無論貧富俱遵六禮
喪禮俗尚奢華靡凡弔客皆有讌待且有饋贈尊
崇釋教建齋諷經塋上立銘石為記即無力者但
具檳榔茗飲致賻盡辭不具酬殯殮從儉戚而齋
醮亦勉為之
祭禮因境遇豐嗇無定儀貧乏之家不惟其物惟
其儀即杯酒隻雞臠肉亦聊以致孝思
廬舍之制民間止用版瓦惟祠廟兼用甋瓦

市肆以單日爲期日中而聚日夕而罷邑東離城百一十里地𠅘村以卯戌日爲街期近村居民及猓玀買賣粟麥布疋牲畜一日而散

元日祀天地祖先桃符門丞往來賀歲

立春日春盤賞春以餅酒相饋

元夕賞燈星橋火樓十六日晚遊北郭稱香於道相傳可以祛疾

正月内建太平清醮祈年保境禁屠素食以五日爲期街市潔誠設壇起醮次日𠅘龍舟諷文昌洞經散醮日或裝神像繪以五采彷古儺禮祛疫遺

風
清明插柳墓祭
三月二十八日就城外南郊東嶽宮赶市四方遠
近商賈漢夷輻輳買賣農器貨物至四月初二日
方散
四月初八日浴佛節亦就東嶽宮赶市至晚於是
而散
立夏日以灰圍牆脚以避蛇
五月端陽懸艾虎插菖蒲擊續命縷飲雄黄酒以
南黍饅首相饋

六月朔日至初六日祀南斗祈年

六月二十四日星回節俗謂之火把節斫松爲燎高丈餘入夜燃之村落用以照田祈年以炬之明暗占歲之豐歉街市兒童搗松脂末互相燒灑爲戲比户刲生飲酒夷漢同之相傳漢時有夷婦阿南夫爲人所殺誓不從賊以是日赴火死國人哀之以此爲會一云唐開元間南詔皮羅閣欲併六詔爲一因星回節召五詔會飲松明樓焚刹之鄧賧詔妻慈善測其謀勸夫勿赴夫不聽乃以鐵釧約其臂而別及至南詔火焚樓各詔妻尋夫骸不能識獨慈善認釧得夫骸以歸南詔異其慧以幣聘之善以夫未葬爲辭乃歸治喪事竣堅閉其城南詔發兵圍之三月食盡盛服端坐竟以餓死滇人以是日燃炬弔之一云孔明以是日擒孟獲婦夜入城父老

北誤址

設灯以迎後遂相沿成俗未知孰是

六月初六日晒衣服等物俗言免生蟲蝕

七夕婦女穿鍼乞巧以瓜果祀織女星

中元祭先於家廟十一日迎十五日送焚紙衣楮鏹夜於河燈

中秋月餅祭月禮與內地相仿

九月朔日至初九日禮址斗祈年

重陽日登高飲茱萸酒

十月祀先墓祭

長至日相拜賀各以餛餅相饋

腊八作五味粥與内地無異

除夕飲分歲酒老守煨爐守歲四更迎灶

夷俗

僰人始為段高二姓分居各郡爨人即滇中土住民家也男子以帕為冠婦女出入輒以帽覆頂面另有鄉談率以六月二十四日為星回節燃火炬立松棚祭祀聚飲為乐居寶器用與漢人同其性頗淳自元朝以至迄今皆知讀書有貢舉生員輩出

猓玀黑白二種白者一名撒毛朵性率頑猾種雜

粮為食担柴賣市中男人纏頭跣足被黑羊皮婦人辮髮用布裹頭背白圍毡胸前束圍腰布結帯綴五采纓路四五歲即嫁娶之日夫家牽羊担酒道上鳴鑼吹牛角或銅號不用轎馬女家則用席一具圍女身以人負之夫家迎入室不合巹不同房親戚慶賀者殺牛羊豕待之至晚就簷前立松葉棚設一酒罋於中央罋中插一竹竿竿曲通孔男女环圍吹笙唱曲有以篾削成琴長四寸寬五分厚一分中通細孔尾繫以線左手執絃右手扯線以口吹之亦合聲調俗呼為口絃墮左脚以手

脚之俯仰合曲譜之抑揚男女歡唱攀竿吸酒至醉方散讌會三日女子仍負回毋家俟年長女自願有家方配合謂墮左脚蓋以左脚先起故也每年三月二十八日赴城南東嶽廟赶會賣蓑笠羊毡麻線至晚男女百餘人嘘葫蘆笙彈月琴吹口絃唱夷曲至縣署二堂跪拜官長就堦下环圍墮左脚至更餘方散此夷人躋堂稱祝之意本年驗得群夷中一李有德者年六十三身不滿五尺髮辮量長一丈一尺餘亦罕見也六月二十四日為節列炬吹笙彝歌飲酒以羊雞骨占歲豐稔

中元日凡平時担柴賣者不赶市夷性畏鬼俗傳恐負漢人所焚冥色也疾病不服藥用巫祭祟禳解

長至日殺猪宰羊祭天且云冬大似年報生物之功以猪羊膀占次年雨水早遲

除夕不用春聯不用門丞但貼紅花紙外門外用青松羅漢松起一小棚插香祭天至十五日止應試報夷童列文武庠者亦不乏人

羅武種類猓玀其性愚朴居山中住草房種苦蕎雜粮為食男子纏頭跣足女人織毛布為衣裹頭

用布下綴纓花腰著桶裙手綰銅鐲居家亦知有
禮

戶口

周禮司民獻民數於王王拜受之登於天府誠重之也定邑漢夷雜處編戶殷繁沐我
朝厚澤深仁自康熙五十年後休養生息滋生人丁永不加賦惟培養既深生齒益衆睹茲熙熙穰穰加富加教非司牧之責而誰責歟志戶口

縣志實在定額人丁四千一百五十九丁每丁編銀三錢七厘該銀一千二百七十六兩八錢一分三厘業於條陳地方事宜等事案內奉文攤入通省民賦田地項下徵收在案

揣摩文義實是「上諭」抄「上論」誠為誤也宜自更正　袁碩

定遠所楚雄衛實在定額軍丁四百一十五丁
上丁一百六十一丁每丁編銀六錢二分
中丁一百一十六丁每丁編銀四錢八分
下丁一百三十八丁每丁編銀二錢八分業於欽
奉
上論事案內奉
旨豁免
實在定額舍丁三十三丁
上丁一十一丁每丁編銀六錢一分
中丁一十一丁每丁編銀四錢八分

下丁一十一丁每丁編銀二錢八分業於欽奉
上諭事案内奉
旨豁免
楚雄衛實在定額軍丁二百二十九丁每丁編銀
四錢八分
實在定額舍丁一十七丁編銀三錢奉
旨豁免
定邑分四街四界自康熙四十一年修志載戶口
三千四百五十九戶男婦共九千九百七十五丁
口迄今百三十餘年生齒日繁按戶稽查土著人

民烟户一萬一千八百九十户共計大小人民四萬三千三百三十九丁口

土着屯賦人民六千六百三十九户共計男婦大小人民二萬二千八百五十六丁口

里井民户二千二百五十户屬縣治

琅井民户九百六十二户屬縣治

定遠縣志卷之三

湏陽李德生培階氏
九隆水其沂霖峰氏纂修

田賦

天下富饒之區莫盛於東南而賦稅之額亦莫重於東南查江浙諸省漕運飛輓動以萬萬計其數百倍於滇省次如豫東秦晋所轄各州縣正項之外復有河工漕米等欵亦加滇省數倍予初閱定邑征冊惟載條丁米折兩項餘無加價名色未嘗

亦為定民幸及細跴縣屬疆域知此處山多田少
每年正供按畝計算賦稅亦亦減於中州是在為
民牧者督其開墾廣其樹藝勤勤於養民之政而
毋浚民以生也志田賦
舊志載民地四百五二十頃六十一畝七分零上
則地每畝科稅一升八合中則地每畝科稅七合下則地每畝科稅四合八勺
九抄六撮民田六百八十七頃九十九畝九分零上則
田每畝科米二升一合中則田每畝科米一升六合下則田每畝科米二升一合
中則田每畝科米一升六合下則田每畝科米一升九勺三抄六撮六圭並沭
庄歸併在内以上每石編銀七錢五分五厘八毫四絲八忽

定遠所附徵康熙三十年廵撫王公繼文疏稱滇省二十六年歸州縣衛所田地有遠近相違以一官而追呼數邑之外一軍而分隸數境之官兼隸併之時荒熟互移官民俱苦未便俱富一併歸正等因戶部議覆應如該撫所題准其更正仍將改正之處造冊報部查核具題奉

旨依議於康熙三十一年奉行到縣知縣王芝裕任內造冊將本縣赤草淜附近大姚縣田糧實徵夏稅麥秋糧米折条丁歸併大姚縣徵管外本所田糧惟楚雄縣詳奉移造將楚雄衛歸併縣治附徵

實徵夏稅秋糧条丁耒折在縣徵收康熙三十四
年巡撫石公文晟具題屯糧額重疏請減免奉
旨雲南屯田錢糧較民田額重數倍民人苦累嗣後
屯田賦額着照河陽縣民田上則徵收該部知道
奉行遵照查明造冊達部每地一畝科稅五升九
合二勺一抄每田一畝科粮八升一合八勺三抄
夏稅每麥一石科条編銀六錢三分九厘五毫八
絲三忽秋米一石科銀同稅馬料穀折色每石徵
銀一錢按稅秋二項明例原係二斛一石自順治
十五年因軍需浩煩作四斛一石今於康熙十一

年九月内奉
旨允科臣趙之符條陳自康熙十二年為始仍以二
斛作一石永為定例
原額成熟民地四百五十七頃七十七畝九分五
毫三絲三忽三微六纖内
上則地一百七十頃八十三畝一分六厘九毫四
絲每畝科稅一升八勺該稅一百八十四石四斗
九升八合二勺二抄九撮五圭二粒内除續墾地
三十三畝三分五厘不攤丁銀外其餘地每畝攤
徵丁銀五厘五毫該攤徵丁銀九十三兩七錢七

分四厘六忽七微

中則地一百一十二頃二十七畆三分一厘三毫四絲三忽三微六纖每畆科稅七合八勺該稅八十七石五斗七升三合四抄四撮七圭八粒二顆内除續墾地三頃五十七畆九分六厘二絲不攤丁糧外其餘每畆攤徵丁銀四厘六毫該攤徵丁銀四十九兩九錢九分九厘二絲四忽八微七纖四塵五渺六漠

下則地一百七十四頃六十七畆四分二厘二毫五絲每畆科稅四合八勺九抄六撮二圭該稅八

十五石五斗二升三合九勺九抄四撮四粒四顆
五粟内除續墾地九畝五分三厘不攤丁銀外其
餘地每畝攤徵丁銀三厘六毫該攤徵丁銀六十
二兩八錢四分八厘四毫一絲三忽
以上三則該實徵夏稅折色六錢麥三百五十
七石五斗九升五合二勺六抄八撮三圭四粒
六顆五粟奉文改徵本色
實攤徵丁銀二百六兩六錢二分一厘四毫四絲
四忽五微七纖四塵五渺六漠
原額成熟民田七百一十二頃五十九畝八分三

毫九絲一忽八微八纖一塵一渺九漠内

上則田二百四十九頃二十二畝二分八厘八毫

三絲一忽八微八纖一塵一渺九漠每畝科糧二

升一合該糧五百二十三石三斗六升八合五抄

四撮六圭九粒五顆内除續墾田五頃六十七畝

三分六厘七毫八絲四微七纖六塵一渺九漠不

攤丁銀外其餘田每畝攤微丁銀七厘六毫該攤

徵丁銀一百八十五兩九分七厘三毫九絲五忽

九微六塵七渺八漠

中則田二百一十七頃九十六畝九分七厘九毫

四絲每畝科糧一升六合該糧三百四十八石七斗五升一合六勺七抄四圭内除續墾田一頃三十八畝三厘不攤丁銀外其餘田每畝攤徵丁銀六厘六毫該攤徵丁銀一百四十二兩九錢四分九厘六絲六忽四纖

下則田二百四十五頃四十畝五分三厘六毫二絲每畝科糧一升九勺三抄六撮六圭該糧二百六十八石三斗九升二抄八撮二圭四顆九粟内除續墾田一十七畝不攤丁銀外其餘田每畝攤徵丁銀五厘六毫該攤徵丁銀一百三十七兩三

錢三分一厘八毫二忽七微二纖
以上三則該實徵本色米五百七十六石四斗
六升九合三勺六抄一撮四圭七粒七顆九粟
實徵折色七錢米五百六十四石四斗三勺九抄
一撮八圭二粒二顆奉文改徵本色
實攤徵丁銀四百六十五兩三錢七分八厘二毫
六絲四忽六微六纖六塵七渺八漠
以上成熟民田地一千一百七十頃三十七畝
七分九毫二絲五忽二微四纖一塵一渺九漠
該稅粮一千四百九十八石一斗五合二抄一

撮六圭四粒六顆四粟每稅糧一石合編銀七
錢五分五厘八毫四絲八忽該實徵條編銀一
千一百三十二兩三錢三分九厘六毫八絲四
忽四微一塵三渺九漠
實在定額人丁四千一百五十九丁每丁編銀三
錢七厘該銀一千二百七十六兩八錢一分三厘
業於條陳地方事宜等事案內奉文攤入通省民
附徵定遠所
原額照舊徵收成熟屯地一十一頃五十畝一分
五厘該實徵夏稅折色五錢麥一百四十一石七

斗一升五合五勺該實徵折色銀七十兩八錢五分七厘七毫五絲

目首抵補軍丁屯地四十一畝九分四厘照本縣民地上則每畝科税一升八勺該實徵夏税本色麥四斗五升二合九勺五抄二撮每石帶耗三升該麥折米三斗五升三合二勺四抄三撮二圭五粒七顆一粟每石折銀八錢該銀二錢六分六厘五毫九絲四忽六微五塵六渺八漠

開墾成熟屯田二頃四十畝一分二毫内地二頃三十七畝二分二毫照本縣民地上則每畝科税

一升八勺該税二石五斗六升一合七勺八抄一
撮六圭又地二畝九分照本縣民地下則每畝科
税四合八勺九抄六撮二圭該税一升四合一勺
九抄八撮九圭八粒
以上屯地該實徵夏税本色麥三斗八升五合
四勺七抄三撮六圭
實徵折色六錢麥二石一斗九升五勺六撮九圭
八粒照例改徵本色
原額成熟屯地二十二頃四十八畝三厘一毫三
絲每畝科税五升九合二勺一抄該實徵夏税本

色麥一百三十三石一斗五合九勺三抄三撮二
圭七粒三顆
開墾成熟屯田一十三頃二十一畝九分五厘四
毫三絲內田一十頃六畝八厘四毫三絲照本縣
民田上則每畝科糧二升一合該糧二十三石二
斗二升七合七勺七抄三圭又田一頃二畝七分
七厘照本縣民田中則每畝科糧一升六合該糧
一石六斗四升四合三勺二抄又田一頃一十三
畝一分照本縣民田下則每畝科糧一升九勺三
抄六撮六圭該粮一石二斗三升六合九勺二抄

九撮四圭六粒
以上屯田該實徵秋糧本色米一十八石五斗
七升四合六勺八抄九撮二粒九顆四粟
實徵折色七錢米七石五斗三升四合三勺三抄
七圭三粒六粟照例改徵本色
原額成熟屯田八十二頃一十八畝四分五厘七
毫五絲每畝科粮八升一合八勺三抄該實徵秋
粮本色米六百七十二石五斗一升六合三勺七
抄七撮二圭二粒五顆
開墾成熟官田一十九畝二厘三毫三絲九忽五

微二纖三塵八渺一漠照本縣民田上則每畝科
糧二升一合該實徵秋粮本色米三斗九升九合
四勺九抄一撮三圭
原額成熟官田五頃五十畝一分九厘四毫每畝
科粮八升一合八勺三抄該實徵秋糧本色米四
十五石二升二合三勺七抄五撮二粒
原額照舊徵收成熟馬料田六頃三十六畝六分
六厘七毫該實徵折色一錢穀一百八十八石該
實徵折色銀一十八兩八錢
以上附徵定遠所成熟屯田地一百四十四頃

二十六畝五分一厘九毫四絲九忽五微二纖三塵八渺一漠該稅粮穀一千二百九十八斗九升七合六勺二抄九撮一圭五粒八顆內除折色穀麥三百二十九石七斗一升五合五勺仍徵折色不編外全編稅粮八百八十石一斗八升二合一勺二抄九撮一圭五粒八顆內原額成熟稅粮每石合編條編銀六錢三分九厘五毫八絲三忽又

開墾稅粮係照民賦則例秋徵該

實徵抵補軍丁隨稅粮條編銀三錢四分二厘三毫六絲二忽八微六纖三塵三渺

實徵開墾照民賦則例科徵條編銀二十一兩九
錢八分三厘四毫五絲四忽八微三纖七塵一渺
一漠實徵原額成熟條編銀五百四十四兩五分
七厘八毫七絲九忽八微九纖七塵六渺六漠

楚雄衛

原額照舊徵收成熟屯地四十六畝九分三厘四
毫五絲八忽該實徵夏稅折色麥六石三斗五升
五合三勺三抄九撮九圭五粒內
五錢麥五石四斗一升八合六勺四抄二圭該銀
二兩七錢九厘三毫二絲一微

四錢麥九斗三升六合六勺九抄九撮七圭五粒
該銀三錢七分四厘六毫七絲九忽九微
以上實徵折色共銀三兩八分四厘
原額成熟屯地二十頃七十五畝三分八厘八絲
二忽五微每畝秋税五升九合二勺一抄該實徵
夏税本色麥一百二十二石八斗八升三合二勺
九抄八撮六圭四粒八顆三粟
開墾成熟屯田一頃八十六畝五分五厘一毫八
絲四忽照本縣民田上則每畝秋粮二升一合該
實徵秋粮本色米二石四斗八升九合九勺二抄

五圭八粒一顆六粟

實徵折色七錢米四斗二升七合六勺六抄八撮

五粒八顆四粟照例改徵本色

原額成熟屯田五十六頃一十七畝一分八厘六

毫七絲八微每畝科粮八升一合八勺三抄該實

徵秋粮本色米四百五十九石六斗五升四合三

勺八抄八撮三圭一粒五顆七粟

原額成熟官田二頃七畝六分六厘五毫四忽每

畝秋糧八升一合八勺三抄該實徵秋粮本色米

一十六石九斗九升三合二勺三抄二粒三顆二

石誤名

粟原額成熟公種田一頃二十畝八釐每畝科糧八升一合八勺三抄該實徵秋糧本色米九石八斗二升六合一勺四抄六撮四圭

以上附徵楚雄衛成熟屯田地八十二頃五十三畝七分九釐八毫九絲九忽三微該税粮六百一十九名六斗二升九合九勺九抄二撮一圭七粒七顆二粟内除折色麥六石三斗五升五合三勺三抄九撮九圭五粒仍徵折色不編外全編税粮六百一十三石二斗七升四合六勺五抄二撮二圭二粒七顆二粟内原額成熟

稅粮每石合編條編銀六錢三分九厘五毫八絲三忽又開墾秋粮係照民賦則例科徵該

實徵開墾照民賦則例科徵條編銀二两九錢六分一厘一毫一忽五微三纖八塵三渺七漠

實徵原額成熟條編銀三百八十九两七錢三分四厘四毫一絲八忽八微二渺九漠

實徵原額成熟條編銀三百八十九两七錢三分四厘四毫一絲八忽八微二渺九漠

定遠

一實在民屯田地一千三百九十七頃一十八畝

二厘七毫七絲四忽六纖五塵

一實徵夏稅秋粮麥米穀三千二十一石六斗三升八合八勺五抄一撮三粒一顆六粟內

夏稅麥六百一十六石一斗六升四勺八抄八圭四粒七顆八粟

秋粮米二千三百七十四石九斗四升八合三勺七抄一圭八粒三顆八粟

以上麥米徵貯縣倉聽糧儲道揆運報消

一實徵條編丁差草場地租商稅窰課等銀二千八百八十九兩七錢三分四厘九毫五絲六忽

一徵五釐一渺四漠內除商稅窰課牲稅草場地租銀三十三兩三錢又條編丁差折色銀二千八百五十六兩四錢二分六厘九毫五絲六忽一微五釐一渺四漠共銀二千八百六十二兩七錢二分六厘九毫五絲六忽一微五釐一渺四漠照數徵收內除存留生衣秋冬二季分官役俸工孤貧口粮銀兩外餘銀起解布政司庫

一民糧秋米一石徵條丁銀一兩一錢一分公件銀六錢二分米折銀一兩民糧夏稅一石徵條丁銀一兩二錢二公件銀無米折銀七錢二分

二下脫分

三下脱錢字

一單粮秋米一石徵條丁銀六錢四分公件銀三分米折銀一兩單粮夏稅一石徵條丁銀六錢四分公件銀無米折銀七錢二分單粮麥一石徵條丁銀五錢公件銀無米折銀無一條丁銀無論單民粮每兩均徵耗銀二錢公件銀無加一米折銀無論單民粮每兩均徵羡銀一錢五分二厘五毫

現徵總數

一額徵條丁銀二千八百六十二兩七錢二分七厘

一額徵公件銀一千零六十三兩五錢二分

一額徵未折銀二千八百一十五兩六分三厘

一額徵耗羨銀一千零一兩八錢四分

課程

天生五材民並用之鉄一不可為備定邑僻壤商課牲稅窯課之外產銅之山有五曰秀春曰大茂嶺子廠曰三台曰暉東曰頭道河而紅白銅之稅由此設焉產鉄之山有一曰苴羌芼而黑白琅之鹽鍋於此資焉盖課欵有定額而物產有盈虛使地不爱寶人不惜力未始不可充國課而裕民生也志課程

商稅牲稅課銀一十三兩九分八厘遇閏加一兩七錢三分七厘

窰課銀一十三兩一錢

秀春廠在東界離城一百二十里

三台廠秀春子廠姚州地

暉東廠秀春子廠大姚縣地

此三廠出紅銅遞年應辦正額銅三千六百斤

又每年奉撥加办三千觔

大茂嶺邑東一百二十里

頭道河大茂嶺子廠大姚縣地

以上二廠係白銅廠遞年办課折銀十七兩七錢七分

盐政附

盐產黑琅二井行銷迤東定民無與額例食白井盐係派民夫運至縣官為配發徵課解盐道官設盐店城鄉分别里甲按人丁分授催領有押差催課城有保長鄉有保正行之日久百弊叢生盐運至店攙和泥土又灌以水民間領盐百觔秤準只合七十餘觔四季給領謂之正額盐正額之外有加消有帯銷復有閏月餘盐等目課銀欵數倍於正額一家人丁衆者正額課銀未能繳清而加銷帯銷閏月之課欵又至種種追呼民不堪命有棄

田廬逃之遠方累及族人連及保長保正貸徵頃家蕩產愁苦萬狀嘉慶四年巡撫初公頤園廉使屠公述濂奏准歸民銷運閭閻如釋重負有更生之慶矣

經費

周禮䣊富䣊貴冢宰統之祭祀匪頒司會掌之均節之以九式經費所由昉也定雖小邑而每歲祀典有費官祿有費各役工食各兵餉乾又有費蒞斯邑者酌常經以制費用有不與維正之供相權者乎志經費

知縣一員歲該支俸銀四十五兩

門子二名歲支工食銀十二兩

皂隸一十二名歲共支銀七十二兩

民壯一十六名歲共支銀九十六兩

轎傘扇夫七名歲共支銀四十二兩

禁卒四名歲共支銀二十四兩

庫子二名歲共支銀一十二兩

斗級二名歲共支銀一十二兩

教諭一員訓導一員移駐黑井每員歲該支俸銀四十兩共銀八十兩

齋夫二名歲共支銀一十二兩

膳夫二名歲共支銀一十二兩

門子二名歲共支銀一十二兩

喂馬草料歲共支銀一十二兩

坛誤坛

典史一員歲該支俸銀三十一兩五錢二分

門子一名歲支銀六兩

皂隸四名歲共支銀二十四兩

馬夫一名歲支銀六兩

鞭春酒席銀二兩

額設各項祭祀均派共銀六十八兩内除動支公件銀二十兩歸公銅價銀一十八兩該地丁銀三十兩先農坛祭需銀三兩二錢三分三厘六毫

額設廩生二十名每名年該三分之一餼粮銀二兩四錢共銀四十八兩

文龍書院山長每年館穀六十京石

本城義學教讀每年館穀三十二京石

東界清水河義學教讀每年館穀三十二京石

南界大江坡義學教讀每年館穀三十二京石

西界腊灣村義學教讀每年館穀三十二京石

北界朵基村義學教讀每年館穀三十二京石

黑井提舉秋冬季分俸銀四十兩役食銀八十一兩

大使秋冬季分俸銀二十兩役食銀六兩

琅井提舉秋冬季分俸銀四十兩役食銀八十一

兩

額設縣前會基閿瑯井黑井肆舖共舖兵一十名每名歲該工食銀三兩六錢共銀三十六兩

額設孤貧一十名每名口日給銀一分每年共給銀三十六兩遇閏照加小建照除

額外孤貧四十名每名每日給銀一分每年共給銀一百四十四兩遇閏照加小建照除

賞卹附

康熙四十二年恭逢

聖祖仁皇帝萬壽

恩詔賜老人七十以上者許一丁侍養免其雜派差役八十以上者給絹一疋棉一斤米一石肉十斤九十以上者倍之至百歲以上題明給與建坊銀兩四十八年欽奉

恩詔賜老人如四十二年之數五十二年恭逢

萬壽賜老人如四十八年之數六十一年

世宗憲皇帝登極欽逢奉

恩詔悉如康熙五十二年之數雍正元年奉
上諭老人九十以上者州縣不時存問其或孤寡子
孫貧乏不能養贍者督撫以至州縣設法䘏養或
奏聞動用錢粮務令得沾實惠又奉
恩詔老婦年七十以上者給布一疋米五斗八十以
上者給絹一疋米一石九十以上者倍之百歲以
上題明給與建坊銀兩二年奉
上諭督撫飭令有司勸好善之人於通都大邑人烟
稠密之處照
京師例設普濟堂育嬰堂養老存孤十三年

高宗純皇帝登極欽奉
恩詔賜老人如康熙六十一年之數十三年奉
恩詔各處養濟院所有鰥寡孤獨殘疾無告之人
有司以時養膳毋致失所又欽奉
恩詔冬月嚴寒鰥寡孤獨窮民無以為生者著督撫
令有司將罰贖積穀賑濟毋令奸民冒領又復欽
奉
恩詔賜老婦米帛絹尺悉如雍正元年之數
乾隆四十四年恭逢
萬壽賜老人悉如乾隆元年之數五十四年恭逢

萬壽賜老人悉如四十四年之數

嘉慶元年

仁宗睿皇帝御極

恩詔賜老人粟帛如四十四年之數十四年恭逢

萬壽賜老人悉如嘉慶元年之數二十四年恭逢

萬壽賜老人悉如十四年之數

道光元年恭逢

皇上御極

恩詔賜老人絹棉米肉悉如嘉慶二十四年之數同

年因苴却永北軍務奉

恩旨免秋糧十分之三

水利

周禮稲人掌稼下地以豬蓄水以防止水以溝蕩水以澮瀉水閘垻之設其权輿於此歟定邑田高水遠河流淺狹桔槔難用不思所以開水之利何以備旱潦而溉田疇所賴擇聚水之區修築豬蓄宣洩以時庶石田可耕豊年屢慶矣志水利閘垻井泉附焉

垻堰

慶豊閘 安東閘在邑西二十里乾隆元年知縣沈公堂率士民田户就趙旗村依山爲岸築

慶豊閘三江口築安東閘其水一源出邑西三十里化佛山一源出瀑布泉轉王通

河一源出大龍箐滙于斗箐河合為一水
導入二閘分城河錦石坪羊牟尼紙房屯
鎮南禦為五溝設管事壩頭經理溝洫閘
塞閘水溢涸自春及夏開放至季秋封閉
西北境田數千畝稱沃壤焉

海塘閘邑東六十里

鐵龍閘邑西七里

黑龍閘邑西七里

校場壩邑東一里

清水壩邑東一里

傅家壩邑東一里

清風壩邑東南十里

冷家堨邑南三里

萬斛塘堨邑南四里

貫溪塘堨邑北十里

烏鴉堨邑北十里

梁王堨邑北十里

白塔堨邑北十里

官堨邑北十五里

黄蓮塘邑東三里

金雞塘邑西七里

飲馬塘邑南三里傳有神人飲馬於此

龍馬池 邑西東二里舊傳池有龍馬率衆追之忽失所在遂以為名

七局龍池 邑東六十里七局村相傳有龍潛於池每天將雨土人即聞山鳴如雷中隱隱有鼓吹笙簫之音雲務中時有灯炬若導引然春夏水漲巨石涿滾山谷摇動居民多以酒禳之伏臘鄉人具香紙致祭

井 附

文井 文廟殿後

武井 所治廳前

大成井 學署外

東門外井 三

南門外井 一

西門外井二

北門外井張大墉家清冽甘美

石手井邑西北四里有石如手人動之則水溢

琅井邑東四十里

黑井邑東七十里二井產盐設提舉各一員全有課餉所出寶泉鄉名因此

泉附

冷泉邑南會基山清洌甘美勝於他泉爲邑泉中第一品

溫泉邑東猛岡河能去痼疾每歲季春遠近赴浴者甚衆明侍御駱公問禮有詩

瀑布泉邑西化佛山旃檀林左側有水自懸崖而下如珠箔掩映瑩淨射人

李貢者泉邑東六十里相傳有老人李貢者嘗丐豆腐於鳳山坊居民之水賢者以杖叩

地泉即湧出

滚水塘邑東九十里蟠龍村初為溫泉後變為冷泉自下湧出連絡不絕如珠貫串内有魚長寸餘經久不大春躍冬潛不可食俟出塘外方可取食水可灌田百畝

积贮

自杨僕射作两税而征民之法定耿寿昌作常平而积贮之利兴积贮与赋税相表裏此盛世无救荒之政积贮者即所以救荒也我

國家监古定制各县贮谷常平仓每岁存七糶三更视年之豐歉以为收散法良意美虽有凶旱水溢民无菜色酌盈劑虚預筹於未然无俟临时而补苴是有司之责矣志积贮

新定仓

赤草淵中仓通志载久废

舊制常平倉

豐字倉

盈字倉

實字倉

署東倉

署西倉

額貯谷八千零五十三石三斗九升六合六勺

一額徵藉田谷七石五斗每年祭先農壇

一額徵義租京斗未一百九石八斗六升八合每年

發五義館教讀

一額徵義租溢額谷三十石五斗三升糶賣解繳糧憲

一額徵普濟市斗米十四石三斗七升五合每月發普濟堂老糧

一額徵普濟穀十一石每年納普濟堂糧一户

社倉五

東界蒙恩倉

南界南寧倉

西街界永平倉道光十一年知縣邵公世培重新建倉房三楹中一間作惠民倉

北界太和倉

本城永益倉

嘉慶四年奉文民收民放

道光元年大姚單需藏事長餘銀兩知縣許公應

元曾同紳士李青獻梁東來馬呈河夏彭年朱煜

和沈泰陳世寅耆民陳其道周秉誠劉尚恭陸華

置買田畝遞年收租米入倉發給春秋丁祭貼備

保總辦公協濟夫馬

一杜買西門外田二十工年納租米二石

一杜買北界大石板田四十二工年納租米二石

二斗

一杜買西門外小閘河田十一工年納租米八斗

一杜買西門外田二十工年納租米二石

一典買必古竜田七十工年納租米二石

共買田一百六十一工遞年納市米九石發春

秋丁祭三石發保總辦公一石完粮四斗餘米

四石六斗存倉為協濟夫馬軍差用

祠祀

先王制祭所以尊天神敬地示享人鬼也祭法云能禦大災捍大患有功德於民者立祠祀之我國家懷柔百神不數不疏俾守土者四時禋祀奉行弗替下至朔望禮謁亦必誠信罔非為民祈福至祀典所不列如浮屠老子之宮城市里街處處有之亦聽其便專志祠祀

祀典

先農壇 邑南門外雍正六年知縣吳公道來建置祭田四畝九分遞年收租七石五斗供祭乾隆五十九年知縣史公褒繼修道光十五年德生補葺

社稷壇邑西里許康熙四十一年知縣張公彥紳建年久傾圮道光十四年德生重建

風雲雷雨壇邑南二里許康熙四十一年張公彥紳建道光十四年德生修葺

斗箐河龍王廟邑西三十里每歲孟春初辰日致祭

北止寺龍王廟邑北二十里每歲孟春二辰日致祭

曹家河龍王廟邑北十里初建廟一間乾隆二十年知縣倪公存謨補葺三十九年知縣張公宗義重修道光八年知縣趙公發率士民重修大殿三間廟房左右二間每歲孟春三辰日致祭

關帝廟一在西街明嘉靖年間邑人孟吉祥施宅建康熙二十四年知縣曹公振邦重修乾隆二十八年知縣鍾公作肅建後樓奉祀

關帝三代道光十四年西街士民備價買民房就廟左側建樓房三街間又於西市巷口蓋住房四間

一在城南創建無可考康熙四十一年知縣張公彥紳重修乾隆三十年知縣鍾公作肅繼修庠生李賓監修

城隍廟 邑西南隅明洪武二年令有司祭城隍仍前代礼縣封显佑伯本朝仍之舊制將頽康熙四十一年知縣張公彥紳重修葺大門左右兩廂房三楹題額曰正直無私雍正元年知縣孫公爾振繼修嘉慶十二年知縣王公之果率士民買置民地新建大門接連戲臺三間左右十二間下面四間復葺後殿聖父祠三間廂房二間重建皇壁濶其舊制規模煥然

厲壇 邑東北里許康熙四十二年知縣張公彥紳建

史皇祠 邑南里許紳士楊魁先王天錫陳一薇仝士民捐建置田八十畝招僧供奉二祠香火

八蜡祠 史皇祠前知縣張公彥紳建

文昌宮 邑東南隅乾隆四十五年知縣鍾公声峻率士民捐貲就閣前建大殿三楹左右廂房二間文治昌明坊一座嘉慶六年知縣史公覆重修閣樓上下二層下作文昌後殿供奉三代春秋致祭

魁星閣 舊學宮左康熙四十年知縣張公彥紳改建城東南隅建閣三層上奉魁神中奉五星仲春致祭

奎文閣 邑市正中乾隆三十年知縣鍾公作肅建閣三層高七丈濶三丈上奉魁神仲秋致祭

呂祖祠 邑東城外嘉慶八年知縣王公之杲同士民就福城寺前層捐建

名宦祠 文廟左

鄉賢祠文廟右

孝義祠邑東南隅嘉慶八年知縣史公褒建

節孝祠邑北街乾隆五十二年知縣郭公士衡建

王公祠諱之杲祠在城隍廟右嘉慶十二年闔邑士民立

群祀

玉皇閣原文昌舊閣崇禎甲申年知縣王公家瑞建嘉慶六年知縣史公褒率士民捐修供奉昊天上帝捐貢陳甯宇監修

真武樓在城北乾隆三十五年知縣吳公楷重修嘉慶六年知縣史公褒維修

東嶽廟邑南里許康熙四十一年知縣張公彥紳重修

西嶽廟邑東一百二十里秀春厰

武侯祠 邑北五里諸葛武侯南征駐師後人立祠祀之康熙四十二年知縣張公彥紳重建

土主廟 一在城皇廟之右側一在東門外 一在南門外一在北門外

三義閣 邑西街關帝廟前樓

蕭曹祠 縣署左

欒王祠 城東南隅

臺官祠 北城樓

元壇祠 一在城東南隅一在東門外

五皇祠 城東南隅

五聖祠 在北街道光十一年北街士民在祠前建洞經閣上下二層

蕭晏二公祠 在城南里許明萬歷二十年知縣羅公一敬建後客民重葺塑羅公像祀

之

寺觀

按寺者古官府治之所也司漢明帝時西域攝摩騰白馬馱經册寺居之而後世遂以寺屬之佛觀者古宮闕之名也司漢武帝以仙人好樓居築蜚廉桂觀而後世遂以觀屬之仙定邑治內寺多而觀少其由來舊也茲將列祀典者胥跡祠廟其奉仙佛者仍舊名寺觀廢神送設教之義不為二氏者所掩云志寺觀

大慈殿藥王祠左

斗母殿藥王祠右

康公祠在北街客民建

三元宮城東南隅雍正元年知縣孫公尔振重修嘉慶八年知縣王公之杲繼修

福城寺城東南隅

妙覺菴邑東里許

觀音寺在邑南獅子山前明嘉靖間邑民孟吉祥客販廣東折本難歸蒙關帝显靈令其攀力而行一宵送歸此山嗣即于此處建祠乾隆二十一年被水淹圮五十八年知縣史公褒率士民捐資重修前樓一間大殿一層前樓供關帝行像大殿供觀音大士題額曰南陽靈蹟至今祈禱靈位應都人士登樓远眺覽風景焉

鎮水閣邑南里許此地即龍川江去處地勢水法關定邑文風康熙四十年知縣張公彥紳

建閣二層以培風脉

關聖宮

建在會基關山頂此勢險峻北接楚雄縣東南為大姚縣黑琅二井經歷之地前建有大殿一間創建無可考乾隆二十七年知縣楊公文光倡首黑井提舉年公彭年敎諭楊公士鵬楊公曦唐公文灼典史陸公經邦楚姚鎮千總楊公暄把總段公國榮捐廉士民輸貲偕駐防閆公重修新建廂房二間作塘兵鋪哨住居以安靖地方衛護行人至道光四年知縣許公應元典史閆公綏周駐防丁公占魁率民夫重葺

觀音殿

建在關聖宮左創建無可考乾隆十四年知縣彭公如璋捐廉士僧輸貲建廂房二間作往來公務歲科生童憇息之所乾隆四十八年知縣史公襄重葺嘉慶二十二年知縣鄭公鍾萼重塑像道光十二年傾圮楚雄府知府裴公驄捐廉知縣鄧公世培捐建規制俱備廂房功未竣道光十五年德生董其成煥然一新行人稱便

三皇宫　邑東三里

東山寺　邑東五里

傳經寺　邑東九十五里明崇禎十年沐國公建道光四年許公應元重建

文殊寺　邑東九十六里明萬歷元年建

蓮城寺　邑東九十三里明崇禎十六年建

圓通寺　邑東八十里明崇禎十二年建

宗正菴　邑東七十里明崇禎十四年建

三教菴　邑東五十八里順治四年建

金粟菴　邑東九十五里順治十二年建

宏道菴　邑東九十里康熙元年建

德心林 邑東九十五里康熙十年建

净土菴 邑東一百二十里康熙十七年建

馬踪寺

玉皇閣 邑東六十里

北極閣 邑東九十里

關聖宮 邑東校場邑東一百二十里地匝村

文昌宮 邑東百三十里

天竺菴 邑東十里

法華寺 邑南三里明萬歷年間建

華嚴寺 邑南三十里明萬歷十年建

竹林寺邑南十三里明崇禎元年建

雪梅寺邑南二十五里順治五年建

靈山寺邑南二十四里康熙五年建

燃燈寺邑南八里康熙八年建

彌陀菴邑南十八里康熙二十四年建

自成菴邑南二十里康熙二十五年建

興隆寺邑南七里雍正年間建

凈明菴邑南二十五里雍正三年建

大醒菴邑南五十里雍正年間建

善住菴邑南三十里

報恩寺邑南二十里

龍泉寺邑南二十里

龍鳳寺邑南二十五里

水月菴邑南二十五里

玉皇閣邑南二十里

培風閣邑南二十里

關聖宫邑南四十五里平池河

西來寺邑西里許

牟尼寺邑西三里

天仙堂邑西

白雲窩 邑西四十五里明天啟年間建

西山寺 邑西十八里明萬歷三年建

旃檀林 邑西四十五里明萬歷五年建

紫雲菴 邑西六十五里明萬歷八年建

遠公菴 邑西四十五里明崇禎二年建

宏慈菴 邑西五十里明崇禎五年建

拈花寺 邑西四十五里

自在林 邑西四十五里順治五年建

娑羅林 邑西六十五里順治五年建

般若菴 邑西六十八里康熙五年建

心佛林 邑西四十五里康熙八年建

寶蓮寺 邑西四十五里康熙三年建

見性林 邑西四十五里康熙四年建

羅漢林 邑西四十五里雍正五年建

雲頂寺 邑西四十五里乾隆四年建

迦葉殿 邑西四十里乾隆十二年建

雪嶺林 邑西四十二里

寶花林 邑西四十五里

古花林 邑西四十五里

千佛寺 邑西四十六里

朝陽寺 邑西二十里

碧雲菴 邑西十里

松月菴

極樂菴

土主廟 邑西松長村其地與鎮南州吕合接壤每歲正月初八日吕合士民具儀仗鼓吹迎土主至吕合奉祀三月初八仍接回松長俗沿已久祈禱靈應

雙龍寺 邑北五里

蟠龍寺 邑北八里

天台寺 邑北十里

天皇廟 邑北五里

梵仙寺邑北十五里明崇禎十六年建

仁山寺

奇峰寺

開寧寺

七寶寺

西來寺

玉皇閣邑東琅井

龍門寺

慈明寺

萬春寺

圓通寺

真覺寺

絶峯寺

龍池寺

德海寺

毘盧閣

觀音閣邑東黑井

養濟院邑東南隅平房三間嘉靖年署知縣事劉公名瑯置久廢

漪澤園邑東門外知縣劉公名瑯置

義倉邑東門外邑民朱邦義置久廢

義塚 邑東門外邑民朱邦義置

獅子山義塚 邑南里許萬曆二十六年知縣羅公一敬置其地周圍七十丈勒有開山碑記

獅子山口下義地 周圍一百二十丈

萬壽宮後義地 上下十六丈左右十六丈

萬壽宮後右旁義地 周圍八十四丈共三塊嘉慶二十二年知縣葉公立窒同士民置

養濟院 邑西南隅

定遠縣志卷之四

淯陽李德生培階氏
九隆水其沂霖峰氏纂修

秩官

王者量地制邑度地居民州縣使牧司之以專責守而教民則有師儒衛民則有營汛分猷宣賁設以尹貳少尉远省邊地又羈以土裔世戢其所以保障斯民者至周詳也定邑古滇於荒裔漢唐以來互有建置元明隸版圖一時循良倍出我朝內選外題官瀛更詳於前代茲編無論正署兼攝

一併採入遇有實惠及民者莫不詳紀其里居政績暨歷任年分以表異之以為有官者勸志秩官焉

明洪武二十一年設守禦千户所二十四年置涿官知縣一員教諭一員典史一員土主簿一員會稽關巡檢一員羅平關巡檢一員黑中鹽課提舉司一員大使一員巡檢一員琅井鹽課提舉司一員巡檢一員吏目一員土巡捕一員

本朝康熙五年定遠千户所會稽關羅平關黑琅二井等處巡檢吏目俱奉裁吏定秩官

知縣一員　教諭一員
訓導一員康熙三十二年添設雍正三年裁註黑井
典吏一員　駐防一員康熙三十二年設
土主簿一員
黑鹽井課直隸提舉司一員
大使一員
琅井鹽課直隸提舉司一員
晉鹽土巡捕一員
兩井官員俱屬道轄除鹽務外一切悉隸縣治
明知縣

陳翊　徐川　黃袍 隆慶年任事詳名宦
賈邦彥　江瀾
俞杞　徐相
王聰　方雲
董寀 四川舉人嘉靖十五年任詳名宦　李鉞
李一元　何孟夏
胡宏毅　謝表 嘉靖年任
越民表 貴州舉人嘉靖二十五年任詳名宦
劉名衙 北直監生嘉靖二十六年任詳名宦
劉知性 四川武隆人監生嘉靖四十二年任

陳策四川武隆歲貢嘉靖四十五年任
王廷爵貴陽舉人隆慶五年任
張汝霖陝西涇陽舉人
孫之慶四川灌縣舉人
王廷節四川邛州舉人
張仕通貴州貴陽舉人
張應臺四川舉人萬歷十三年任詳名宦
莊祖高成都舉人萬歷十四年任陞貴州貴陽府通判
黄裳貴州平壩人選貢萬歷二十五年任
湯化四川灌縣舉人萬歷二十二年任

羅一敬　江西廬陵人萬歷二十五年任

錢承恩　四川富順進士萬歷二十六年任

郭洪祥　廣西舉人萬歷二十八年任

鮮順祖　四川銅梁人萬歷三十八年任詳名宦

姚應陽　東莞舉人萬歷四十一年任

熊節　湖廣歲貢萬歷四十四年任

程雲鳳　四川富順舉人天啟元年任陞嵩明州知州

聶世澄　四川劍州貢生天啟六年任

祝　天啟七年任

黄龍翔　廣西新寧選貢崇禎三年任

李可大四川華陽貢生崇禎七年任

陳一新福建候官歲貢崇禎十年任

王家瑞湖廣善化副榜

葉天泰陜西吏員

胡文衡四川璧山副榜陞雲州知州

朱尚珍雲南昆明縣人

李如瑶雲南新興州人貢生

陳奇河南內鄉人貢生

何尭孝湖廣麻城縣人選貢

本朝

李彬 四川綏陽選貢順治十六年委署

黄朝彦 遼東寧遠副榜十七年任事詳名宦

李壖 陝西平涼府恩貢康熙五年任

田元凱 陝西綏德州拔貢康熙十年任修葺學宮建城濬池

曹振邦 山東濟南進士二十年任事詳名宦

王芝裕 江南楊州江十五年

袁乃湔 山西平陽翼城縣人由進士康熙三十三年任建立書院三十七年卓異内陞工部營繕司主事

陳繼度 廣東廣州府東莞縣人由歲貢康熙三十七年十二月任於三十八年正月以疾辭

張彦紳 鑲藍旗漢軍監生康熙三十九年任事詳名宦

陳士烱 大興縣人教習康熙四十六年任
孫爾振 河南葉縣人監生康熙五十三年任
吳道來 滿州舉人雍正五年任
唐世梁 臨桂舉人雍正七年任
楊登榮 夫氏四川人雍正九年任
王曰寬 河南舉人雍正十二年任
沈堂 蕭山舉人十三年任事詳名宦
馬德至 十三年署設清水河腊灣朵基三村義館亟設義田培植人材至今咸賴
梁松齡 廣東舉人乾隆七年任捐修泮池
彭如璋 江西𩑈縣進士任事詳名宦

李　堂　湖北沔陽人進士乾隆十四年任

倪存謨　四川威遠縣順天鄉試舉人乾隆十五年任

宋若霖　乾隆二年任

屠可堂　乾隆二十四年署

高其人　鑲藍旗漢軍乾隆二十七年署

楊文光　平陵舉人乾隆二十七年任

游永平　乾隆二十九年任

鍾作肅　武林舉人乾隆三十年任

遷常伯　乾隆三十四年任

吳　楷　由進士乾隆三十五年署

王秉韜 乾隆三十六年任嘉慶年任陞東河總督

王師泰 貴州黎平府開泰縣舉人乾隆三十七年任廉明清慎作育人才

張宗義 安徽鳳陽府定遠縣舉人乾隆三十八年任清慎廉明仁慈惠愛以疾卒于官士民感德設牌位送入城隍司奉祠祀

楊奎 乾隆四十年任調昆明

朱必坊 乾隆四十一年署

鍾聲峻 江西永豐縣進士乾隆四十二年任

謝洪恩 乾隆四十六年任

謝煬位 浙江會稽縣舉人乾隆四十七年任

蓋天祥 乾隆四十七年任

郭士衡山西大同府進士乾隆四十八年任

朱章乾隆四十九年署

顧嘉穎乾隆五十年署

方裕曾山西桐城人乾隆五十三年署

黃楷正紅旗漢軍進士乾隆五十四年任

史褒陝西朝邑縣舉人乾隆五十八年署

曾際平廣東和平拔貢琅井提舉司乾隆五十九年兼署重建文龍書院補葺神祠士民愛戴建立生祠永善縣後陞迤南道

王之杲河南盧氏縣舉人嘉慶六年由文山縣調任興利除獘教養兼施

王篤慶山東聊城縣人由進士嘉慶十一年署清廉剛正斷訟公明補

黄會中廣西雒容縣舉人嘉慶十三年署

葉立笙江西新建縣進士嘉慶十五年任加意教養文能書院首設膏火作育人材今稱頌焉

黄華江西建昌府南豐縣貢生任琅鹽井提舉司嘉慶十六年兼署

曹鎬江西新建縣鹽生議叙州同授琅鹽井提舉司嘉慶十七年兼署

趙秉清江西南豐縣附貢兼授晋溯州判嘉慶十八年署

鄭鍾蕚河南息縣舉人嘉慶二十一年署

許應元直隸滿城縣舉人嘉慶二十四年任清慎廉明興利除弊節用愛人勤听訟減溼役加意作育人材士民思慕弗置

孫仲正順天宛平縣人捐知州授黑鹽井提舉司道光元年兼署

謝體仁　山東郓城縣進士道光三年署

楊晋春　山東長清縣人中戊申科順天鄉試黑盐井提舉司道光六年兼署

楊玉書　鑲紅旗漢軍由監生捐盐課大使道光六年署

吴兆棠　徽州歙縣監生捐知州琅盐井提舉司道光六年兼署

傅守定　河南汝寧府汝陽縣附貢捐授黑井盐課大使道光七年署

趙發　山西平定州舉人道光八年署

譚人瑞　四川石砫直隸廳舉人道光八年任公正剛毅抑强暴安良善未逾年卒于官

何貽謀　山東人任據扳井大使道光八年署

談淳　浙江籍議叙盐大使道光八年署

邵世培　浙江紹興人直隸通州優貢道光九年任節儉謙慈建鎮西樓西城樓設惠民倉捐

穀六百
京石
王占魁 湖南瀘溪縣經歷
道光十三年署
明教諭
陳大本 劍川州嘉靖二十六年初建儒學
湯表 柴量
膠文明
阮益 王執中
張世隆 李一科
史尚質 張藻
李逢明 王乘周

楊邦載　游宦
李日躋　周重光
劉世祿　馬雲衢
田景億
國朝
李良俊　昆明縣歲貢順治十六年委署
徐煒麒　徽江路南州舉人康熙五年任
趙邦俊　臨安建水舉人康熙二十五年任
張偉　彌勒州歲貢康熙三十五年任
張惠可　康熙四十三年任

朱正色 雍正元年任

余元 乾隆元年任

徐鴻舉 蒙化直隸廳舉人乾隆八年任

楊士鵬 河西縣舉人乾隆三十年任

侯照 易門縣舉人乾隆四十年任

蔣壽祖 鶴慶州舉人乾隆四十七年任

楊自强 通海縣人拔貢乾隆五十年任

束為禮 新興州舉人乾隆五十一年任

陳廷對 通海縣舉人乾隆五十三年任

楊樹敏 石屏州舉人嘉慶六年任

楊先岸　祿豐縣舉人嘉慶六年任

趙恬　元江舉人琅井訓導嘉慶十二年任

豆鍈　寧州舉人嘉慶十九年署

白文治　昆明縣廩貢嘉慶二十年署

李九成　河西縣舉人嘉慶二十年任

段鑣　趙州舉人道光三年署

張辰照　蒙化直隸廳舉人道光三年任

歐仲和　安寧州舉人楚雄縣訓導道光三年兼署

李卓　鄧川州舉人道光四年任

楊昱　鄧川州舉人道光七年署

楊步瀛 武定直隸州舉人道光七年任

李其馨 晉寧州舉人道光十年署

王永清 河慶州廩貢道光十年署

羅桂林 安寧州舉人鎮南州訓導道光十三年兼署

水其沂 保山縣舉人任祿豐縣教諭調鎮沅直隸州學正於道光十一年補授定遠縣教諭倡首移建泮池修葺文廟學署

明典史

熊傑　李陽

楊藻　江溱

余瀧　劉效能

鄧贊　楊思旦

楊鳳鳴　郭永年

花懋大　馮永延

鄒涇　安國恩

鍾延紳　馮三省

陳浩　董國亨

江大倫　施邦憲

韓士鵬　朱履

國朝

夏時若武定府人恩監順治十六年委署

徐光祖 楚雄縣人由吏員順治十七年任

祁啟元 貴州興隆衛人由吏員康熙元年任

丁世華 湖廣孝感縣人由生員康熙五十年任

葉天奇 北直宛平縣人由吏員康熙八年任

羅煌 浙江慈谿縣人由吏員康熙十年任

儲繼珍 江南潛山縣吏員康熙二十六年任

劉之珏 陝西富平縣人由吏員康熙三十三年任四十一年陞廣東徐聞縣巡檢

姜斌 浙江錢塘人康熙五十年任

丁光先

鍾錫春

余鴻
董代麟
胡廷梅乾隆十一年任
陸經邦乾隆十四年任
張庫正藍旗漢軍筆帖式議叙乾隆十七年任
史宗朝瀨水人乾隆三十一年任
梁瑚兖平縣人由吏員捐職乾隆四十二年任
孔繼熥山東曲阜人乾隆四十七年任
李廷芳湖北江陵縣監生捐吏目乾隆五十二年署
張輯五乾隆五十四年任

張霖浙江錢塘人由監生議叙乾隆五十五年任

李棟山東霑化縣人由吏員加捐乾隆五十八年任

李世麟江苏上元縣人考武英殿議叙乾隆五十九年署

章炳浙江會稽人由監生捐職乾隆六十年署

李從益嘉慶二年任

方吉甫嘉慶五年署

戚岱嘉慶六年署

張效書嘉慶八年任

閆綏周甘肅平羅縣人由烏什辦事大臣印房書吏役滿分發雲南嘉慶十五年任

楊維震河南密縣人由吏員捐職道光七年署

陳茂桂浙江會稽人由监生捐吏目道光十二年署

張大晟大興人由吏員捐職補師宗縣典史道光十四年署

兵防

國之大事惟祀與戎古者寓兵於農蒐苗獮狩皆於農隙講武自後世設爲招募則訓練申儆是在職司者有以作其氣而結其心定邑雖屬僻壤昔鄧將軍南征有績武侯南征有績誠師法古人雖設兵無多亦可爲干城之寄至於塘哨以稽姦究土司以攝猓彝均得附焉志兵防

武職

原設汛官一員　汛兵三十名

駐防　梁楨　趙毓元

湯聘　馬貴

王才　魏振藩

丁占魁　新平縣人由行武出師四川立功准給軍功千總執照嘉慶十二年補定遠汎

關哨塘鋪附

會基關　邑南四十里交楚雄界舊設巡檢一員康熙五十年裁

羅平關　邑西四十五里交鎮南州界舊設巡檢一員康熙五年裁

神樹哨　邑東二十里哨兵十八名

盐柴河哨　邑東三十里哨兵二十一名

大灣哨　邑南三十里哨兵十八名

蒙恩哨塘　邑東五十里哨兵二十一名

長箐哨 邑東九十里道光十四年十一月德生添設新建哨房三間

馬撒尿哨 邑東六十里康熙五年奉裁道光十五年德生添設哨房三間

三道箐哨 邑東一百二十里道光十五年德德生添設新建哨房三間

長冲塘 邑東三十里

白沙灘塘 邑東一百二十里

清水河哨

呵矣哨

一碗水哨 舊裁

會基関鋪塘 邑南四十里哨兵五十二名

者嫣營哨塘 邑南四十里哨兵十七名

楊梅哨 邑南二十里舊設

小哨 邑南四十里舊設

羅平關哨塘 邑南四十五里哨兵八名

目久哨 邑南三十里舊設

火燒屯哨 邑北四十里

連山坡哨 邑南四十里哨兵九名道光十五年德生添設哨房三間

餘丁壩哨 邑北二十里舊設

羅武哨 邑北二十里舊設

縣前鋪 鋪兵五十二名

黑井司前鋪 鋪兵三十六名

琅井司前鋪鋪役三名

土司

李祿久明初歸順投誠隨征有功初授本縣土官知縣加授總兵委掌本縣印務

李苴祿久長子改授土官主簿清理錢糧户口接濟兵需招安百姓擺立哨鋪

李英苴長子

李祥英長子

李普照護祥長子

李元珍普照長子

李爵元珍長子

李敷榮爵長子

李文 敷榮長子

李國用 文長子

李玉 國用長子

國朝

李世卿 玉長子順治十六年投誠仍授土官主簿

李湄 世卿長子十八年襲

李濟 世卿次子康熙二十年投誠仍授

李德晟 濟長子二十七年襲

李膺洲 德晟次子乾隆四年襲

李毓英 膺洲長子四十二年襲

李純頤英長子嘉慶十年襲

李本善純長子道光十三年襲

明官制補遺

朝廷設官文武並建所以各專職守攷舊志所載元立千戶所明洪武二十一年設守禦千戶所二十四年置添官知縣及閲通志載洪武二十四年始設守禦千戶所隸楚雄衛正副千戶五員百戶五員

本朝康熙八年裁定遠所設把總一員汎兵四十名立法遠勝前代茲採訪修志有明初從沐西平候

開滇授都指揮武畧將軍戢者其後人以譜系呈稽之舊志未載其名並不著將軍何職數百餘年文獻凋殘無從考據其稱將軍或生授千戶所抑没襃將軍銜不可使其名湮没無傳故即所知者載之

温九功 昭信校尉仕定縣千戶所　温鎮 昭信校尉

温誠 昭信校尉　温勝 昭信校尉

温玉 武德將軍　温鉉 昭信校尉

温厚 昭信校尉　王俸仁 武畧將軍

王嘉昌 都騎尉廣威將軍　王鼎 景東衛屯正所廳

李文明都指揮

李晔華武畧將軍

唐子銘羽林右衛軍世襲千戸候

名宦

傳稱立德立功立印為三不朽士大夫置身仕宦

當思功在社稷德在生民豈徒聲施赫奕汲汲為

名也乎然而甘棠思召黍雨思卹遺愛所留歷久

猶動謳吟專刻

國家論功行賞生時既膺超擢設後以俎豆馨香報

之是宜錄其秩事以為後來者勸志名宦

明洪承疇字亨九福建南安人前明萬歷丙辰進士沉毅有智畧順治十六年滇黔未定以大學士為七省經畧督師討平之入滇嚴飭士卒有匿民間子女者繩以重法解散投誠兵丁疏奏滇民疾苦發帑賑濟全活甚衆還朝卒贈少師謚文襄

趙廷臣奉天鐵嶺貢生順治十八年任雲南總督謚清獻事實無考

李天浴字敬茲順天人康熙七年任雲南巡撫廉明勤慎事無大小一秉乎禮除貪暴裁冗費厲吏凜然無敢犯法者時吳三桂奏請遷徙滇民天浴力

疏

上之民賴以安

甘文焜奉天正藍旗人康熙七年任雲南總督駐劄貴陽体國爱民時吴三桂逆節已萌僭侈踰法文焜獨持大体多所裁抑及三桂叛變起倉卒文焜令其妾臧氏自盡攜幼子急趋鎮遠以圖恢復比則鎮遠守將姜義先已從賊文焜知勢不可為遂殺幼子北面再拜自縊時帖式何善雅圖各棄家從文焜死之賜祭葬謚忠果

陳必成直隸宛平人由進士康熙九年任雲南學政

事實無考

李興元奉天人原籍順天遵化州康熙十年任按察使方正執法嚴抑藩兵不許違禁取利準折民間子女吳三桂叛守節不屈杖之下獄復安置蒙化尋遇害戮及全家屬興元二孫尚幼時昆明人胡溥寓蒙化匿之蒙士左世先家得免後廕同知

趙良棟陝西寧夏人康熙十九年授雲貴總督時大師圍雲南久不下良棟馳至督諸軍進攻逼之三日賊潰納欵良棟歛兵不入城即日率所部趨曲靖秋毫無犯有古良將風

蔡毓榮奉天正白旗人湖廣總督康熙十九年授綏遠將軍同諸軍恢復雲南賊平後改授雲貴總督時逆氛初靜流離載途毓榮招撫散亡給牛種勸耕作籌滇十疏設施各有條理士民至今德之焉

魏方泰江西進士任雲南學政力拔寒畯文風丕振

范承勳字蘇公奉天正黃旗人康熙二十五年任雲貴總督滇黔經吳逆亂後庶事草創承勳沉毅剛明到任期月察吏安民撫夷弭盜整飭營武銷禍未萌建學宮置經籍製禮樂器纂修通志凡所規

畫無不動申機宜鉅細悉舉在任六年威惠大行

許洪勳字元功奉天遼陽人康熙二十五年任按察使秉臬廉慎無所撓枉二十七年楚北兵譁滇奸率張麻子等思乘機為變期以三鼓發洪勳偵其謀亟白督撫戒樵樓徹夜無三撾捕斬乱首十數人兵丁帖然消變方萌厥功甚偉

謝于道字存戩浙江鄞縣人康熙癸丑進士二十六年以部郎任提學道學識淵粹是時聲教雖通士習文体尚多龐雜于道以宗匠持衡破格造士每試名諸生面教之環繞座前所定高下藻鑑不爽

賞拔多成名士自是滇南文風彬彬焉

曾大升福建侯官舉人康熙二十八年任知府詳減鹽額招集流竄節省堡夫革禁私派

石文晟字絅菴奉天正白旗人康熙三十三年巡撫雲南豁達多才爲政務舉大綱先雲南屯賦仍前明舊額科重軍户病之文晟疏減十之六設立義倉以惠窮民添置號舍以恤舉子鄉試解額特疏增廣撫滇七載士民戴之

劉蔭樞陝西韓城人康熙丙辰進士四十二年任按察使方正不阿論囚平恕晋本省藩司直旱減價

糶粟民不苦飢濬六河疏海口葺學宮增號舍政
績甚多後遷貴州巡撫
郭瓔滿州鑲紅旗人康熙四十九年任雲南總督
事實無考
初彭齡字頤園山東進士任雲南巡撫潔己愛民正
身率屬滇省五華書院士子會萃隨時訓誨以立
品敦行為先滇省鹽務向係官運官銷日久弊生
民間為門戶鹽所累幾釀成案訪查疾苦奏請出
鹽之地賣鹽抽課門戶分銷之弊盡行革除其餘
疏鑿海口濬導六河城北建大橋田畝無衝決之

虞往來無涉揭之苦杜芑苴卻餽遺賞罰黜陟一秉至公士民愛戴至今不忘

屠述濂湖北監生由府經歷漸陞雲南迤南道署按察使所莅之處教養兼資守永昌時念潞江渡水甚難親率紳耆造鉄繩橋三十餘丈往來便之管銅務剔弊立法各省京運及採辦皆未有缺除奸民私鑄使錢法獲復舊制滇民苦鹽累主議民銷置引抽課永革積弊黔省苗民鴟張奉檄帶兵堵禦屢挫逆苗滇東悉資保障士民至今稱

汪如洋浙江進士乾隆五十二年任雲南學政敦品

立行教士務變風氣振衰起靡講求實學釐正文体期於理明詞達著作甚衆蹤於清真雅正詢為多士程式文風蒸蒸日上至今頌教澤弗衰

顧

蒓字南雅江蘇吴縣人嘉慶壬戌科進士十七年任雲南學政履潔怟清歛華就實恭謁文廟名生童面加訓迪嘗謂 聖諭廣行頒布所至之地均手書孝經並朱子白鹿洞規勒石於各書院採訪孝義節烈輯為採風錄以昭激勸隨棚及録科時勉士子以敦本立學始終不倦士心莫不感戴

明朝定遠名宦

董宋四川人舉人嘉靖十五年任廉明公恕士民德之呼為青天縣根全完自宋始在任二年以才堪治劇調湖廣龍陽縣知縣

越民表貴州人舉人嘉靖二十五年任清慎剛直慈祥明敏平徭役抑強暴整飭邑治痛革屯弊惠政多端人心感戴陞湖廣道州知州及行軍民泣送

劉名弼北直長垣監生嘉靖二十六年以通州吏目署縣事仁恕清正創議建學克成厥功邑之人文蔚起皆其力也設漏澤園養濟院惠政多端

張應台四川內江舉人萬歷十三年任矜恤孤寒折
獄明敏多善政
鮮順祖四川銅梁人萬歷三十八年任仁愛百姓優
禮士類陞本府同知

國朝

黄朝彥遼東寧遠衛副榜順治十七年任康熙五
年陞彌勒州部覆不允復任康熙十年陞蘇州府
同知慈惠愛民錢朴改鄉歸界定民德之
曹振邦山東濟南府歷城縣進士康熙二十五年任
清慎廉明捐修學宮創建祠祀有功定邑

張彥紳鑲藍旗漢軍出監生康熙三十九年任剛直明敏學宮建城樓造橋梁葺祠庙興利弊纂修縣志

沈堂薊山舉人乾隆元年任廉明仁恕修學宮建水閘設義學省徭役興養立教有功士民

彭如璋江西贛縣進士乾隆十一年任公正仁愛修建學宮補葺武廟建立義館設普濟堂興養立教士民賴之

明朝補遺

黄袍四川南充人隆慶間以定遠知縣署鎮南州

修建土城買置義塚地

選舉

稽虞廷載采行有九德周家賓興考以三物此選舉所由昉也漢世有孝弟力田賢良方正及明經諸科犹是鄉舉里選遺意魏晋以後取士之法不一前明以制藝設科專重科甲

國朝因之定邑自嘉靖設學天啟開甲後登貢書者相繼接踵彬彬郁郁幾與各郡比美矣志選舉

明朝

科甲

周昌祚天啟乙丑進士歷官大理寺評事

鄉科

尹士恭永樂九年丁酉科鄉試

蘇儀永樂九年丁酉科鄉試任河南開封府同知

孝友直四年己酉科鄉試

楊真乙卯科鄉試

李斌景泰元年癸卯科鄉試

李鑾成化七年辛卯科鄉試

張秉中癸卯科鄉試任青紳縣知縣

李朝陽正德十四年乙卯科鄉試任浙江寧波府通判

以上未建學中

張廷詔萬曆己酉科鄉試

周昌祚壬子科鄉試

周大鼎天啟順天辛酉科鄉試任河南伊陽縣知縣

李春鯤丁卯科鄉試

段拱宿崇禎壬午科鄉試

宋之韓

周大猷

景同春

張先猷上四人丁酉科鄉試

國朝

蘇景湯順治十八年辛丑科鄉試任北勝州學正

徐敏康熙五年丙午科鄉試

楊瞰丁卯科鄉試

宋曰濂壬午科鄉試

王本源甲午科鄉試

李禹鱗丁酉科鄉試

楊淇生雍正丙午科鄉試

賈天命　乾隆辛酉科鄉試任趙州學正

王寅　乾隆甲子科鄉試

劉文煥　辛卯科鄉試選保山縣教諭

唐昌錫　壬子科鄉試任鎮沅州學正俸滿任彌勒縣教諭

張炳翼　嘉慶辛酉科拔貢庚午科鄉試任易門縣教諭

唐毓俊　道光壬辰科鄉試

夏長年　乙未恩科鄉試

副榜

萬聽　乾隆壬申科鄉試

夏長年　道光辛巳科鄉試

明恩拔歲選貢生

杜倫　張昂

趙元　董貢任廣西按察使檢校

李仲貢　李時美

楊茂賓　段宗璉

金鰲　金鳳任湘鄉縣々丞

鄭國賓任四川野江縣學訓導　李崇儒任金門州同知

周尚文任四川寧縣學訓導　楊訓任四川野江縣學訓導

蘇朝　李通

金世資　李茂誠任廣西賀縣知縣

衞誤衛

蘇東周任湖廣安仁縣學訓導

延久任四川建昌衛教授

郝元任四川成都府教授

蔣重任曲靖府訓導

李名任四川建昌衛教授

楊廷臣任四川成都府學訓導

楊時元嘉靖二十六年開學首貢

尹詔任河南新野縣學訓導

景光霽任曲靖府訓導

楊敷春　李哲

王國相　郝文端任四川合江縣訓導

閔思明任巂州學正　何坦

李四維　李四勿

王爵

陳可久貢監任湖廣溆浦縣知縣

李維東任大理教授

周邦奇　滕世祿

孟知性　周冕任新興州教

彭簡任湖廣永定衛教　李方大任大理教

孟奇裔　楊志伊任嵩明州教

張明鵬阿迷州教　賈三策任清縣教

毛尚燁任吉安府教　陳鑛任陝西鳳翔府教授

周昌運任武緣知縣　滕師周徽江府教

李春藻任長沙府教　鄭希韶

蘇廷俊任景東府教　何其俊

姚重華任景東府教　王民望任臨府教

滕之儁蒙自縣教　姚令聞任祿豐縣教

楊大謨晉寧州教　張守仁

李萬先　傅汝舟

姚繼芳　張伯桂

國朝

朱運興順治十七年歲貢　張曜

金居垣　李爾白

王謁任大理府教授　董相國

楊如楠任保山縣教諭　楊柏梓

張雲翼　楊璿任永北訓導

董國球　李登元

王本奇　周世才

楊源生拔貢考校縣丞

李文奎　何究杞

張緝敬　　馬具驥
張承澤　　金枝遲
朱湛　　張起秀
何沛　　李增甲
馬具驎　　李傅甲
王春瀜己酉拔貢候選州判捐知縣
李文定　　董茂宣
王作梅　　張廷輔恩貢
陳維章　　萬同聲
劉銳恩貢　　吳伯顯

馬泰　馬頤恩貢

唐毓英　周槐

劉錫孔恩貢　李鍾洲

馬臨　張錫齡辛酉拔貢

萬同興　李崑

姚輝宇恩貢　馬鼎

王履泰　李慶元癸酉拔貢

楊世臣　馬升

孫學聖　施景和恩貢

王俊　黃德耀府學恩貢

李青獻恩貢　梁東來

馬呈河恩貢　夏彭年

唐毓俊丁酉拔貢　夏春軒

周大猷　唐毓華

邵文新　朱燦和

武科

李聯元康熙庚午科鄉試

朱煊己卯科鄉試

陳一隆戊子科鄉試

朱燦琳嘉慶戊午科鄉試

余鍾泰道光壬午科鄉試

楊忠本邑人由行伍出師四川立功賞戴藍翎補廣捻汎把總

例貢

周鴻鸞廩　陳寧宇增

王元瀚附　陳世奇

監生

鄭仁麟　王鼐

溫中嚴　王隆基

楊懋功　朱繼程

朱大賓　梁翊材

史紹烈　　蘇洪　以上十人舊志載今仍之

鄉賢

稽之載籍魯國有先賢傳襄陽有耆舊傳皆紀其地之名賢碩儒不獨出處本末考覈詳明即生平梗概事業文章罔不備載令後人一展卷而如見先正典型專滇處邊鄙中古尚少傳人定邑又滇之僻壤文獻宜無足徵然百餘年來涵濡聖化豈無敦品篤行著書立言生可式於鄉歿可祭於社者乎彰先型以風後學斯亦維世之綱也志鄉賢

孝義文學鄉望附專

明朝

周孔徒邑增生孝友無間品行第一撫兄子育弟妹提携嫻戚教養成立勸匪友之勵行止門人之棄父鄉人比之太邱彦方云至於培植風氣闡明理學却饋西席還金岐路屏斥邪色真卓絶君子也崇禎中崇祀鄉賢

國朝

宋運興天性孝友精通經史持躬端正待物謙和順治十七年開學首登歲貢崇祀鄉賢

唐紹文孝友篤學工詩文擅詞賦品端行介足跡不

履公庭友敎生從循循善誘子成歲貢孫登賢書
生徒食餼列庠者多出其門由拔貢任雲南縣敎
諭士林多造就告致回里年逾九十舉鄉飲大賓
四世一堂稱人望焉
萬
聽壬申副榜品端行潔博通經史潛修授徒著
書自樂訓二子皆登歲貢課生徒俱列黌宮嗜學
不倦自少壯中晚年除讀書外無一事著有易卜
一覽易例疏粹書經疏粹書經雲漢春秋分類春
秋疏粹春秋紀要詩經解毛詩疏粹學庸解芸窗
隨筆等書惜未行世稱博學焉

定边县志　卷四

孝義

明朝

李繼東萬歷間歲貢任大理司訓父母歿廬墓各三年遂不復仕感人則盜賊不入感物則鳥雀相馴本縣申詳院司旌之誌其墓焉

國朝

夏功侯家貧性至孝晨昏定省禮從無間鄉保公舉於康熙四十年十二月内給匾旌奬曰其孝可風

張先義素行淳樸父年八十孝養不懈及卒哀毀如禮鄉保公舉於康熙四十年十二月内給匾旌奬

曰孝可為法

李爾芳事親以孝聞父母疾請以身待侍湯藥未嘗觧帶鄉保公舉於康熙四十年十二月内給匾旌獎曰可以為孝

陳綏端縣學生員具父德竣年百歲齒盡脫生乞乳以供繼母患疽吮毒收斂乾隆五十三年奉

旨旌表入祠

周正邦縣氏居家清貧嫡母李氏早逝傭工供嫡母奉養不衰氏卒喪葬如禮鄉保公舉於道光十四年九月内給匾曰孝可訓俗

文學

夏世典　徐亮臣

楊　耆儒學齋廩舊志載其經儒宿學長厚自持愼步履於公庭端品望於鄉塾啓邑中純士

陳　藴　李仲偉

馬國賢　李人龍

陳一鳳　柳占華

宋曰瑞　張約敬

叚　瑛

潘尚賓　此十人者舊志載其品行端雅文藝肆好乃一時好學之士今仍之

劉文煥　舉人秉性端潔積學深醇自博士至領鄉薦授徒訓子貢廩多出門牆節儉耿介醇謹不入城市有古君子風

金甌　李增甲

萬同聲　李傳申

王春融　馬灝

馬臨　萬同與　貢生品端學富潛心經史非公不至授徒善誘一時桃李多出其門鄉里稱為積學立行之士

萬觀　陳綏仁

朱作繪　習韓章廩

習萬福增　朱錫雍附

上六人者舊志潛修精工文藝惟觀善書法
錫雍皓首猶嗜學不倦亦知名之士

明鄉望

李朝陽正德乙卯舉人任浙浙江寧波府通判持躬端謹服官廉明本縣建學倡義捐輸行可表俗

楊廷臣監生任四川成都府司訓學行兼優節氣方介嘉靖中因縣無學遠寄他庠與黌生陳善鄉耆朱鑾議呈創建督工三年不倦工竣乃赴前戍士民推重

延久貢生資性敦實介節不污嘉靖七年黑井值安鳳之亂本井提舉杜文宣付寄三百餘金流散他方事平悉以原金還杜封識如故鄉人欽服事

母終養不慕祿仕本縣申准獎勵
周昌祚萬歷壬子科鄉試天啟乙丑進士歷官大理寺評事早孤事母孟氏以孝聞目陳其母貞節奉議建坊尋擢吏部主事未補官以疾終於京碼馳傳還葬
周如松庠生授鴻臚寺序班周旋中禮致仕後視躬慤謹居里藹和鄉黨重之
朱之范本縣人授以官立品端方不驕不肆制行誠篤無忤無欺有古道焉
陳其碩大姚縣長冲營汎官居戢則鈐東有法處里

則謙厚是循不競不爭有品有行亦鄉中推望人也

國朝

楊魁先本縣儀學武生康熙十九年　王師恢復滇黔於安南衛軍前投誠運朴有功蒙提督軍門桑貴州巡撫部院楊委署貴州都司在任倜儻有才督理粮餉輓輸不匱　大兵給足各上臺器之

王天錫本縣儀學生員康熙二十年　王師恢復滇黔軍前效力蒙提督軍門桑巡撫部院伊委署大理府學教授在任恪端師範修理學宮經大理府詳奉給匾曰功隆黌序至今榆庠猶稱頌焉

李峥嶸本縣儀學生員康熙二十年蒙巡撫都察院
伊拔選委署阿迷州學正在任殷勤丕振士風亦
恢復後司訓之尤者

楊臚聲　　　　李發

張一魁鄉耆素履端正不曲不阿齒德既高鄉評彌
重允稱邉方月旦里社祭酒

陳德峻生於康熙二十二年賦性醇良持躬端謹素
為鄉里所推重至乾隆四十七年壽一百有一歲
四十八年奉
旨旌表坊額賜昇平人瑞

李
實邑庠生孝友篤學持躬端謹課徒善誘訓子
成名尤精岐黄貧者不計值立祠堂收族敬宗待
鄉黨睦婣任恤乾隆元年倡築慶豐安樂二閘十
三年倡修　文廟勸捐弗辭督憲給匾曰功在膠
庠學憲給匾曰風芹香遠其餘建魁閣葺神祠修
道路周貧之舉有力焉乾隆四十五年壽八十四
以　覃恩賜八品頂戴四世一堂壽九十而終子
六人歲貢二庠生四孫恩貢拔貢食餼列庠九人
曾孫列庠四人人謂積德所致
馬曰驥邑鄉飲賓秉性溫厚處事公平事親孝教子

嚴篤宗族和鄉鄰濟人利物凡一切義舉樂為倡

首如修 關聖東嶽宮與邑人陳一隆建水閘為

至今利乾隆十三年舉鄉飲賓上憲給匾曰望重

賓筵年八十七而終其子若孫相繼出貢者八人

食餼及入泮者三十餘人為鄉里所推重焉

朱溥 庠生年八十二

李殿成 吏員年九十八

李潛 鄉飲賓年九十二

劉在龍 恩賜絹帛肉米年九十一

劉廷牲 民年九十二

彭　炳民年九十六

以上六人視明謹慤接物謙和睦族敦倫驕詐悉泯皆忠厚長者

定遠縣志卷之五

淯陽李德生培階氏
九隆水其沂霖峰氏 纂修

列女

扶輿正氣鍾於士爲忠義鍾於女爲貞烈其質殊其節一也世無不知敬忠義而於貞烈或易視之徒以事跡幽隱非赫赫然耀入耳目者不知其明於大義從一而終不折於諸艱不渝於晚節此與士之從容就義者何異哉觀舊志所載志潔行芳姓氏固彰彰矣而百餘年來湮沒者多故釆而輯之

並請於

朝旌其門閭庶幽光不致磨滅也扶植人倫維持風化巾幗與有功焉志節孝貞烈附專

明

楊伯堅妻李氏 伯堅寶泉鄉民生男楊淋二十五歲夫故守志奉姑三十餘年人無間言

滕秀宗妻金氏 秀宗係軍人年二十餘夫故守節子成立年逾八十而終鄉人重之嘉靖四十五年旌表

周國禎妻張氏 軍人張仲文女適軍人周國禎生二子年方二十餘國禎踰垣蹶而死張舐其血哀慟勢必死姻黨防之得間遂自縊以從

王海妻錢氏 王海係軍人年二十八歲夫亡守節撫子友義廩生歷四十餘年人無間言合縣公呈萬歷中具題建坊旌表其聯云一担綱常天可參地可仰寸心鉄石麟之角鳳之雛至今相傳不置云

孟宗聖妻温氏 孟宗聖係軍人夫故守節年方二十餘事姑最孝教子有方其子孟知姓登選貢以母老不仕色養終身天啟中本縣據呈申詳院道旌奬其節亨年百有二歲而卒

周昌運妻李氏 幼年刲股事姑昌祚具呈兩院賜匾旌揚節孝一門又曰賢子節烈

周孔徒妻孟氏 年三十夫故守節四十年次子昌祚明天啟進士具題奉旨建坊旌表

周如盤妻陸氏 夫故年方十五悲涕不已願以身
殉至夜死於尸側邑祚具題共建
坊旌表

陳士心妻東氏 年二十六夫為諸生值翁吉甫遘
疾禱神願以身代疾益篤刲左股
進之翁疾果愈後夫有疾復刲右
臂以進夫疾亦愈凡食味必先誠
敬奉翁以及夫
天啟元年旌奨

景同春妾趙氏 黑井人趙育女景同春寶泉琅井
舉人景無子納為妾三歲不孕景
患疽不起生事調護盡瘁景歿氏
為立嗣收殮如禮臨葬前一日氏
從容縊于樓中家人哀之遂同穴
焉鄉人義之會葬者如堵琅井提
舉來度為之
作傳賦詩

李大中妻張氏 吾賊之乱兵至刼掠
氏恐為所汚投河死

烈女附

色氏 軍人色運景女未適人因鈇索箐强寇刼掠執之誓不受辱遂為賊所殺隆慶六年知縣王廷爵聞于院道表其墓

國朝

陳其德妻彭氏 年三十夫歿守節撫子不嫁邑有惡衿武生丁成勲着欲强娶之訴於官貞烈凜凜堅如鈇石有司重之立案如有逼娶者許鳴究治

彭士表妻詹氏 彭士表係庠生夫歿生一子不育誓不再醮歷數十年無閒言㩀闔邑公呈無嗣苦守可嘉給匾旌之曰氷玉為神

楊成功妻張氏 本縣鄉約張一魁女鄉紳楊魁先姪媳其年二十五夫歿僅生二女於康熙四十一年内投詞自願終身守節以盡婦道少年守節殊堪

嘉尚准遂其志給匾節堅金石以旌之

張天琯妻孟氏夫為諸生氏年二十六夫卒撫二歲遺孤孝事孀姑守節三十六年

全淳妻田氏年二十五歲夫故有子甫三歲盡心事姑撫子守節四十六年乾隆三年奉旨旌表入祠

李濬妻楊氏年二十六歲夫故遺二女敬事孀姑備嘗艱苦守節二十七載乾隆三年奉旨旌表入祠

唐廷對妻李氏年二十二夫故苦志守貞上事翁姑極孝下撫幼子最嚴子紹文選乾隆癸酉科拔貢乾隆四十八年奉旨旌表入祠

李森榮妻王氏青軍守節自始至終人無閒言乾隆四十八年奉旨旌表入祠

張其猷妻江氏年二十一夫故矢志靡他欲相夫於泉壤苦心有待撫孤子以成節守節五十一年

張清源妻徐氏係節婦張江氏之媳年二十夫故青年守志奉袁姑孝敬無違撫幼子炳翼嘉慶辛酉拔貢中庚午科鄉試守節五十二年貞操兩代節孝一門俱於道光八年奉旨旌表入祠

烈女附

李氏彝民李六八義女年十六土惡強逼為妾不從遂自縊詳明督撫嘉其志節給匾旌之曰彝女可風

侯氏麻姑係鄉民侯德周室女十四未字一日入城賣蔴路遇強暴誓不受辱投水自盡邑令葉中詳強暴正法嘉慶二十五年奉旨旌表

道光癸巳德生莅定於甲午歲依江蘇成案集紳耆採訪節婦共一百三十四口請
旌總建一坊

宋東周妻夏氏 朱東周係軍人撥戍驍越氏與俱往夫故年二十五歲子鴻舉甫六月零丁孤苦乞同戍卒信招徑赴戍所扶柩以歸撫子鴻舉入庠守節四十四年

王允吉妻施氏 年二十七夫故性貞淑嫻姆訓遺腹生子鎬家計維艱績紡課讀子以優貢授司鐸卓薦福建興化府莆田縣長孫選拔曾孫輩皆蜚英黌序壽九十三歲而終

朱鳳梧妻劉氏 年二十五夫故秉性貞靜不事鉛華撫子燦華授室成名方享含飴

之渠未幾而子又逝偕寡媳待孫
入庠撫兩世之遺孤成一門之雙
節學憲給匾熊丸勵志
守節四十六年

朱燦華妻張氏係節婦朱劉氏之媳年二十五夫
故子騤縉甫二齡繼承姑事孀姑
孝道無虧撫書香克
紹守節三十年

李舒甲妻王氏年二十五夫故性賢淑嫺姻訓起
居端莊不輕出户事姑孝敬不衰
撫子正吉入庠
守節三十九年

王兆鵬妻艾氏年二十六夫故恪守清操敬事翁
姑以壽終教子有和凡之風食餼
入庠卒年
八十二

朱鳳翼妻江氏年二十六夫故姑年六旬子方三
歲矢志守節養姑壽終撫子文輝
授室成名媳生二孫文輝又早逝
偕媳李氏撫孫入庠壽八十五而

終

王著妻書李氏年二十三夫故無子繼堂侄鍾衡為嗣娶媳周氏生孫秉元吉元鍾衡貿易客死他鄉偕媳勤苦撫孫秉元入庠年七十八終

王鍾衡妻周氏節婦王李氏之媳夫歿他鄉奉姑守節子秉元成名吉元成節守節三十一年

楊翠嶷妻金氏年二十二夫赴鄉試歿于會城聞訃誓不欲生姑慰以親老子幼恪守姑訓奉翁姑盡婦道教子重六中庚子科鄉試挑選浙江歷官清勤義方所致辛年八十六

王兆鯉妻馬氏年二十六夫故竭力奉姑義訓子四子俱成名守節三十八年

張淮源妻朱氏年二十六夫故姑年六十子僅週齡抑事俯育獨以身任俾姑壽終

子成立守節
三十六年

王幼善妻張氏年二十六夫故翁姑衰老二子幼
穉事親孝訓子義前縣令王給額
筠節凌霜年
八十三而終

劉綸妻秦氏年二十夫故姑年七十子甫八月
誓欲相從地下姑諭曰汝繼不為
吾計獨不為劉門嗣續計耶謹遵
姑訓奉姑壽終撫子成立孫授室
年八十
而卒

王宗漢妻彭氏年二十一夫故子甫四月家計蕭
條勤績紡操井臼事姑不息撫子
成立守節
五十五年

金光顯妻馬氏年二十六夫故翁姑在堂遺腹未
育越四月生子養親撫子克盡婦
道守節
五十年

張漸妻王氏年二十七夫故氏本繼室生而不育撫前妻子如己出俾克成人年七十四而終

周治邦妻王氏年二十六夫故家徒四壁辛勤撫子成立年八十一而卒

秦蘇妻田氏年二十一夫故家道寒微姑歿賣田塋葬撫子若孫苦志守節年九十六而終

湯相虞妻謝氏年二十七夫故姑老子幼族人欲奪其志婦截髮誓曰吾頭可斷不能再事人矢志養姑撫子守節六十二年

梁自肅妻徐氏年二十七夫故勤儉持家竭力事姑撫子若孫相繼成名年八十二而終

謝之翰妻杜氏年二十六夫故家道寒微有勸其改適矢志不從績紡傭工撫子成

立孫曾繞膝年八十八而終

周安仁妻李氏年二十五夫故親族勸其改適泣欲負子投河死衆議息矢志事翁姑以終撫子成人抱孫年八十九而終

杜克成妻李氏年二十七夫故姑早逝翁六旬子幼稚奉翁以終撫子入庠年八十二而終

施敦彝妻張氏年二十七夫故翁姑在堂同叔居奉養以終扶子成立年八十一而終

周繼堯妻余氏年二十四夫故家道苦寒矢志事姑撫子年八十四而終

楊鳳舉妻秦氏年二十六夫故親老子幼績紡耕耘奉雙親以壽終撫子成立卒年七十八歲

馬履妻王氏年二十一夫故家計維艱上事翁姑以壽終撫子成立中折媳戴氏繼姑志盡孝道姑媳扶孫成人守節六十年

孫恩道妻謝氏年二十三夫故翁姑早逝祖父母在堂子幼稚善体先志奉以壽終扶幼子成立五世一堂年八十八而終

景國璋妻楊氏年二十六夫故矢志靡他事姑最孝扶子有方卒年八十有三

劉之祥妻李氏年二十四夫故守志扶子始終不渝年八十二而終

吳鴻德妻譚氏年二十五夫故苦志守貞扶三子成立守節五十二年

陳鴻功妻李氏年二十七夫貿易歿氏竭力以歸其柩刻苦艱辛事姑扶子守節五十二年

張祖佑妻景氏年二十六夫故甘守清貧教子入庠守節五十一年

李維文妻王氏年二十六夫故姑老子幼含淚承歡俾姑以壽終子亦成名守節五十五年

柳寅妻夏氏年二十三夫貿易殁于他鄉長子四歲復有遺腹矢志事姑扶子守節五十六年

金玉妻李氏年二十三夫故翁姑早逝子三月堅持扶子早歲成名孫亦入庠卒年七十一

劉惟高妻高氏年二十五夫故翁姑早逝孑然一身矢志守節扶子成名卒年七十一歲

張文耀妻周氏年二十六夫故事翁姑盡婦道扶子入庠守節四十六年

何名芳妻冷氏年二十五夫故翁姑早逝隨伯翁姑居十餘年無間印分產另爨扶

子成立守節四十八年

張德照妻彭氏年二十五夫故依姑爲命姑歿扶子成名守節五十二年

王語政妻張氏年二十五夫故姑老子幼勤儉持家奉姑以終扶二子成立守節四十八年

李時運妻孟氏年二十七夫故姑早逝翁六旬奉事惟謹扶長子入庠次子成立守節四十三年

王廷彬妻彭氏年二十七夫故與伯叔同居扶幼子内外無閒言守節四十六年而卒

江其忠妻何氏年二十六夫故伯欲奪其志誓欲守終扶子守節四十九年

王顯臨妻張氏年二十六夫故貧不聊生傭工度日扶子守節四十三年

陳綏用妻丁氏年二十七夫臨終囑以事姑扶子謹守遺言矢志靡他守節五十一年

張文旌妻謝氏年二十五夫故姑早逝翁六旬生三子依叔居妯娌無間言次子入庠舉鄉飲守節四十九年

李昌明妻戴氏年二十六夫故双親老子幼稚家計蕭條耕績勤苦奉親以終子成立卒年七十二

沈頤妻陳氏年二十夫故誓與同穴鄰里以子幼勸止之果不渝厥志善事翁姑扶二子成立卒年七十四

沈如淮妻孫氏年二十六夫故矢志扶子持家勤儉子又中折復扶孫成立守節五十六年

王澤妻許氏年二十五夫故翁姑早逝子三歲孑然一身堅持扶子辛勤持家俱以成立守節五十一年

李之茂妻杜氏年二十五夫故翁姑衰老遺子甫三齡家計維艱上事双親下扶幼子守節五十一年

徐暐妻李氏年二十七夫故家道寒苦勤績紡劳耕耘扶子成立孫成名守節四十七年

張崇望妻沈氏年二十六夫故叔欲奪其志誓不二天分産各居扶幼子成立守節四十一年

鄧有忠妻劉氏年二十七夫故勤儉持家事姑惟謹守節三十八年

周德邦妻王氏年二十七夫故矢志氷操甘茹荼苦扶子成名守節三十三年

周鳳鳴妻張氏　年二十六夫故善事翁姑撫育幼子守節三十四年

杜魁五妻朱氏　年二十七夫故遺二子艱辛刻苦扶子成立守節三十五年

謝之良妻徐氏　年二十五夫故家貧績紡事姑扶子入泮守節四十四年

杜如桐妻櫕氏　年二十六夫故事姑扶子守節四十四年

杜克經妻張氏　年二十五夫故事翁姑盡婦道扶子成立守節三十一年

施近華妻李氏　年二十五夫故無子繼侄承祧守節三十三年

張東鶴妻孟氏　年二十七夫故事姑壽終扶子成立守節三十九年

王基妻李氏　年二十四夫故甘守清貧辛勤扶子守節三十四年

姚維祺妻韋氏　年二十七夫故堅持自守扶子成立守節三十七年

周世綱妻李氏　年二十七夫故事姑不怠扶子成名守節三十九年

楊謙吉妻李氏年二十六夫故事姑盡婦道扶子成立守節三十一年

李造修妻謝氏年二十六夫故患姑頭風疾奉事惟謹扶子成立守節三十三年而卒

劉學孔妻戴氏年二十四夫故家業蕭條績紡耕耘事姑撫子守節四十二年

楊成妻趙氏年二十七夫故事姑盡孝撫子成立守節四十一年

滕崇禧妻宋氏年二十三夫故姑年老子幼稚家計蕭條矢志撫子成立守節三十三年

陳昭妻王氏年二十四夫故翁早逝姑六旬子二歲家計維艱清操自勵績紡耕耘奉姑以終扶子成立守節三十八年

唐士倫妻楊氏年二十四夫故子甫八月矢志不渝事姑盡孝子成立孫成名守節

四十一年

李潤周妻李氏年二十夫故甘守貧素矢志靡他勤儉持家扶子成立家道小康守節三十三年

夏繼權妻劉氏年二十八夫故家貧無子族人勸其改適誓不二天立侄培峯為嗣扶養成立守節三十五年

夏鍾秀妻冷氏年二十七夫故翁姑早逝子幼稚叔祖父毋年老乏嗣身任奉養俾以壽終子女各有家室守節二十三年

杜增美妻王氏年二十七夫故姑年五十目盲子六歲耕耘績紡事姑撫子成名守節三十五年

江粟妻武氏年二十六夫故甘貧自若同叔居二十一年扶子成名妯娌無間言

守節三十九年

陳端儒妻櫝氏　年二十六夫故子甫八月翁年七旬繼母患痨瘵奉姑不怠撫子成人守節三十一年

楊鳳選妻張氏　年二十七夫故翁姑年邁奉以壽終依叔同居無間言扶四子入庠守節三十一年

楊起才妻何氏　年二十四歲夫故姑已早逝翁失明二子稚家貧如洗傭工奉翁扶子成人守節三十四年

李可久妻金氏　年二十六夫故誓死靡他踰六月生一子恩勤備至至於成立善事繼母無忤拂守節三十九年

陳可長妻韋氏　年二十六夫故子顯文甫一歲依弟同居撫子授室方成立而子夭

折復扶稚孫年七十一而終

陳顯文妻董氏年二十一夫故依孀姑扶子三十一年

者崇儉妻王氏年二十七夫故事姑撫子守節三十九年

宋錫妻高氏年二十六夫故生子不育矢志不渝甘受貧苦現年七十五歲

陳啟灃妻張氏年二十二夫故有遺腹誓不欲生姑諭以為陳氏後嗣計越三月生子春長事姑以終扶子成立現年六十六歲

秦開天妻蘇氏年二十四夫故無子叔憐無依勸其改適誓不二天現年七十一歲焉

饒昌海妻劉氏年二十一夫故子甫三歲姑患病經年克盡婦道扶子成名前縣葉令給匾柏操荻誨現年七十七歲

朱文輝妻李氏　節婦江氏媳年二十六歲夫故繼姑志扶子成名成立現年六十七歲

陳昂妻李氏　年二十六歲夫歿貿易他鄉姑六旬二子幼稚家計維艱勤于績紡苦耕耘事姑生盡養死盡禮扶二子成立抱二孫現在存年六十有二

李東旭妻傅氏　年二十二夫故子慶長未週歲家徒四壁績紡供讀課子成名現年五十五歲

李逢新妻鄭氏　年十九夫故子未彌月翁姑相繼逝家道維艱矢志扶子現年六十二歲

李春堂妻者氏　年二十七夫故事姑不怠教子成立現年八十有九

杜致和妻楊氏年二十七夫故姑早逝翁年七十歲事翁扶子成立現年七十有八歲

沈寬妻傅氏年二十二夫故翁姑俱存奉以壽終子若孫四世一堂現年七十七歲

李惠妻楊氏年二十五夫故有遺腹生子世春矢志守貞事翁姑壽終扶子成立現年七十六歲

劉在春妻陳氏年二十六夫故姑六旬子未周歲矢志事姑扶子成立現年七十有六歲

楊起鳳妻杜氏年二十五夫故翁相繼逝子又夭折衰姑寡媳堅貞自持現年七十五歲

倪自高妻張氏年二十三夫故遺腹生子矢志守貞奉翁姑以終子成立四世一堂現年七十四歲

馬綬妻王氏年二十七夫故姑老子幼績紡傭工奉姑扶子成立現年七十有三歲

吳鴻圖妻江氏年二十五夫故族人欲奪其志心堅鐵石終不可奪扶子成立現年七十二歲

陳子漢妻陸氏年二十五歲夫故室如懸罄子又逝矢志守節現年六十九歲

李本敞妻劉氏年二十七夫故姑老子幼矢志事姑扶子現年六十八歲

杜致善妻劉氏年二十七夫故堅貞自勵現年六十四歲

李鴻妻張氏年二十六夫故事姑扶子現年六十三歲

夏巒峯妻楊氏年二十五夫故家計蕭條辛勤扶子現年六十三歲

周達妻施氏年二十六夫故二子幼稚勤儉持家扶長子成名次子成立現年六十三歲

高峯妻周氏年二十六夫故姑年六十餘目盲子甫三齡家道寒苦傭工姑守子現年六十二歲

杜永林妻唐氏年二十四夫故翁姑早喪矢志守節扶子成立現年六十二歲

周愷妻張氏年二十七夫故姑早逝翁衰老子五齡辛勤奉翁扶子現年六十一歲

李學詩妻高氏年二十七夫故家道維艱親老子幼族鄰勸其改適誓欲守貞奉親扶子現年六十一歲

劉子良妻梁氏年二十六夫故無子矢志守貞撫姪興仁興義承祧奉姑壽終現年七十歲

杜文樟妻彭氏年二十六夫故守清貧扶孤子現年六十歲

羅廷英妻羅氏年二十五歲夫故子三歲翁姑衰老奉事惟謹現年六十三歲

楊旋吉妻張氏年二十七夫故依姑扶子姑歿依叔同居無間言子成立現年五十九歲

張　景妻李氏年二十七夫故姑相繼棄去翁老子幼奉翁壽終扶子成立現年五十九歲

楊立言妻謝氏年二十六夫故事翁姑盡婦道扶子成立現年五十八歲

陳繼唐妻張氏年二十七夫故姑六旬子兩月奉姑以終扶子成名現年五十有八

歲

張達仁妻彭氏年二十六夫故家道貧苦有勸改適志堅不可奪安貧扶子現年五十七歲

汪世濤妻王氏年二十六夫故翁叔憐年幼勸其改適矢志不渝現年五十六歲

劉同仁妻劉氏年二十七夫故依翁扶子現年五十六歲

周繼榮妻蕭氏年二十四夫故事姑扶子現年五十六歲

李騰鳳妻沈氏年二十六夫故姑老子幼冰霜自勵勤儉持家事姑扶子現年五十五歲

魯學周妻張氏年二十六夫故奉翁姑盡婦道二子成立現年五十五歲

劉淑昌妻高氏年二十三夫故翁姑七旬子四歲同伯叔居妯娌無閒言現年五十

四歲

李燦妻何氏年二十三夫故甘茹荼苦扶子成立現年五十三歲

謝文炳妻高氏年二十三夫故遺腹生子履豐姑旋逝翁煢煢無告力奉翁扶子現年五十三歲

李本洋妻夏氏年二十三夫故姑未四十而孀居姑媳堅持扶子現年五十三歲

郭文奇妻楊氏年二十三夫故翁姑早逝無子繼伯子承祧撫如己出現年五十二歲

杜友仁妻晉氏年二十三夫故同伯叔居妯娌無間言扶子成立現年五十二歲

湯潤川妻温氏年二十三夫故事翁扶子現年五十二歲

櫝世瑶妻杜氏年二十二夫故生子三歲遺腹復生一子俗以招撫計誓不從苦志

事姑扶子現年五十一歲

例請

旌

金趙妻王氏年二十歲夫故有遺腹誓不改節生子有文孝事舅姑扶子成名守節五十年

李文炳妻王氏年二十二歲夫往廠貿易客死異地子樹槐方二歲家計維艱扶子成立現年五十一歲

流寓

浣花溪畔昔傳少陵之蹤釆石磯頭今指青蓮之跡古人寄情山水流寓他鄉偶憩萍跡後人遂傳為佳話定邑自明始入版圖僻處一隅名賢學士鮮有駐足然一有宦遊或謫居者遺蹤芳躅詎可使其湮没無傳也志流寓

明

駱問禮字纘亭浙江人嘉靖中以侍御謫滇遊於邑治諸勝地最久詩韻載藝文内

國朝無

仙釋

自青牛授道白馬馱經二氏之流入中華其來已久西廸山寺老君地隣西竺仙釋靈蹟各郡縣志所載指不勝屈必從而挑斥之亦已拘矣茲據舊志記載及故老流傳列其姓名詳其軼事比諸六合以外存而不論可也志仙釋

元

連精　本縣人降龍役鬼應驗如神元至正間雲南畀梁王迎祈雨師於瓶中出一小蛇遂大雨王贈以金帛固辭歸之曰役鬼荷担一日端坐而逝

李阿名大理人居定遠七局村嘗蓄黑牛飲澤中肥澤異常阿名因蹤跡之得鹵泉遂報蒙氏乃開黑井官之不受但求為僧賜紫袈裟井民至今立祠祀之

明

無住法名洪如本縣梁官屯人俗姓鄧氏少業鐵匠不通文字一旦頓悟出家為僧精彈理著有苦海慈航集蒼山集坐化水目今化佛山白雲寺即住錫開山處

國朝

海叢河南開封人沙彌祝髮体雞足至定拜無住
會下遂建刹千佛寺於化佛山為修行地原刹傍
有龍潭建刹後潭遂涸時有龍化虎蛇伏以思叢
亦不怖行年九十餘步行犹健尚能强飧亦僧中
之有德者

古蹟

山川輿衍，谿谷深邃，中往往構爲奇境，或經名流所賞鑒，或爲昔賢所棲遲，當時鴻爪雪泥，都無足異，及歷年既久，而具跡亦古矣。定邑漢武鄉候南征營壘有蹟，唐元裝師西遊白馬有蹟，惜至宋時爲叚高氏竊據多年，歷元明始入版圖，稽古者欲確而指之，而傳聞異辭，無從考據。間有一二名勝藉文人題咏而後傳者，姑採而載之，以補水經廣輿之闕云。志古蹟

諸葛營有三一在磨盤山一在羊年尼一在先法寺陳時雨有詩

諸葛白石泉獨立山下陳時雨有詩

望子洞邑西四里武候駐師望子於此

仙人山在松長鄉相傳有仙人化為山云

仙人跡在木剌苔山石上有巨人履跡長尺許

廢南寧縣高氏專大理國政時命岑莫酋徙民三百戶於黃蓬箐元初以黃蓬箐立百戶後政為南寧縣尋裁入定遠縣

廢光法寺武侯南征駐師處今石馬石羊石鼓與碣尚存村民相傳其地無蚯蚓蝦蚊為武侯遺跡云

目久寨在化佛山明初土酋目久據山為寨以拒官兵被擒赴京上間叛故對曰奴為主耳

揮誤輝

稱旨授以世襲指揮使

勝景

會山列翠 邑南四十里春靄秋霞望之如屏

零水拖藍 邑西二里波光凝碧映帶城西

龍泉靈應 邑北十五里雲龍口右禱雨輙應

羊井奇跡 邑北五里有石如羊泉出其下

七星塘 邑東五里東山寺山左有水七塘絡繹如星泉甚甘冽四時長流不竭相傳諸葛武侯駐師咸飲于此泉有龍神祈禱灵應

文峰塔 邑南里許獅子山明嘉靖年建康熙四十年知縣張公彥紳移建邑東象鼻山乾隆五十一年知縣郭公士衡仝士民仍移建獅山

文明塔 邑東南十里磨盤山康熙四十二年知縣張公彥紳建年久傾圮道光四年知縣謝

公休仁仝
士民重建

隱逸

士人湛深經術原期利用賓王大則膺特達之知小則邀一命之榮矧際聖明之世野無遺賢詎猶慕頴箕高風哉然時命偃蹇恠才未遇效古人託跡衡門寄情盤澗者有之志隱逸

陳一敬本縣儀學廩生精明理學博覽經史舉業而外詩詞諸藝尤堪稱絕身當季卓有古風純孝性成友愛恭誼篤行惜乎抱負最優而偃蹇平生爰是甘貧乐道淡然榮利閉戶著書闡聖賢奧旨口

不談是非訓子孫以耕讀凡有徵聘悉辭却著有

菊隱軒詩集

定遠縣志卷之六

滇陽李德生培階氏
九隆水具沂霖峰氏
纂修

物產

滇南崇山邃谷氣暖風和珍物瑰產詭怪繽紛往往為中土人所罕見昔桓溪栽槃蚘韻木之歌常𡑞補筰馬髦牛之鬬良有以也定邑以百里地常食則有菽粟蕎梁頟征則有銅鉄鹽未其餘胎生卵生從生横生草木之實花菓之屬蔬蔔之類間有四時常新較勝於內地者宜備載之以辨方物

而察土宜爲志物產

穀屬

稻凡百種約以紅稻白稻糯稻熟之　黍有夏種初冬收者為黍米有夏種秋季收者為稗米

稷有黄紅黑數種　粱名膏粱分飯糧二種　豆有黄豆白豆紅豆黑豆青皮豆豇豆橡豆扁豆留根明年重生菉豆飯豆豌豆蚕豆秋種春收即蚕豆也

食貨

盐琅盐黑盐　油有菜油麻油擺油桐油數種　酒有米酒麥酒莜酒紅酒膏粱酒名甘酒出地名力石者味佳　花椒出化佛山者佳因名佛椒　蔦菜初種留根次年仍發可三四年　蜂蜜　黄蠟　紅紬　豌豆粉　蓑笠

氊夷人白羊毛氊黑羊毛氊　紅銅　白銅　鐵

蔬屬

薑　芥　葱　韭　蒜　薤

茴香　青菜　白菜　蘆菔俗呼蘿蔔有紅白黃三種

菠菜　萵苣　莧菜有紅白二種　百合　蒜　芹菜

麥蘭　董　胡荽　茼蒿　山藥　樹

頭菜　芋　擘藍　蕨　竹筍　王瓜

南瓜　金瓜　苦瓜　絲瓜　茄　葫蘆

瓠　秦椒俗名辣子初種可長至六七年者　蒟蒻俗名鬼廟

地金蓮　椿　香蕈　木耳　白森　栗樹花

棠梨花　金雀花　皂角牙　茨白花

攀枝花　大白花　甘露子　茭筍　扁豆

豇豆　金豆俗名紅豆　鷄葼雞以形言葼者飛而歛足之貌說本楊慎或作蟻炏以其產處下皆蟻穴通雅又作雞埈以六七月大雨後生沙土中或松間林下鮮者香味甚美

菌種不一有良有毒　羊肝菌二三月生　粟窩菌　樻樹菌

竹根菌

果屬

梅　杏　桃　李　梨有雪梨木瓜梨黃酸梨氷梨

棗　栗　柿　石榴　松子　榛子

菱角　佛手柑　香櫞　葡萄　花紅

櫻桃　楊梅　枇杷　橄欖　山楂　錐栗

救軍朴　木梳果　郁李　蘋果　柑子　橘

荸薺　茨菰　木瓜

花屬

牡丹　芍藥　蓮　茶花種數不一有淺紅深紅白茶洋茶　梅有紅白綠蕚照水數種　優曇花　天女花　桃花

杏花　李花　梨花　玉簪　桂花有丹桂金桂銀桂三種　海棠分春秋二種　丁香　杜鵑有五色

扶桑有紫白二種　芙蓉　素馨　石榴　櫻桃

茄蘭　玉蘭　荼蘼　木槿　石竹

四季粉團　木香黃白二種　千子蓮　佛手花

元旦蘭　春蘭　夏蕙　秋芷

硃砂蘭無香　虎頭蘭　白木蘭　冬蘭

魚子蘭　剪紅絨　小桃紅　金錢　玉蘂

報春　虞美人　水仙花　十姊妹

扁竹名蒜葱花　石斛　長春花　金絲蓮

金雀花　迎春俗名金梅花　梔子花　夾竹桃

鳳仙花　雞冠花有紅白二種　繡毬花

燈盞花　紫薇　菊種類甚多　玉芙蓉即仙人掌

花　連翹花　龍爪花　海紅即淺紅山茶自十二月開至二月與

梅同時　雞爪花　映山紅

草屬

芭蕉　吉祥草　蒲草　象鼻草　虎鬚草

魚眼草　菖蒲　蘋　藻　荇　葦

蘆　茅　燈心草　大草　紫草

夏枯草　蓼草　虎掌草　馬鞭草　青蒿

木屬

椿　松　柏　梧桐　楊　櫃

榆　槐　栗有扳栗毛栗黄栗麻栗青剛栗　棠梨

楸　黄楊俗名萬年青　水冬瓜　樟　冬青

桑　觀音櫃　羅漢松　皂角　無花果樹

紫竹　水竹　苦竹　鳳尾竹

實心竹　筋竹

藥屬

茯苓　何首烏　沙蔘即土人蔘　葳蔘一名玉竹蔘

苦蔘　當歸　天門冬　防風　白芷

柴胡　半夏　南星　黃芩　乾葛

升麻　菖蒲　天花粉　牛膝黑白二種

黃精　重樓　澤蘭　細辛　威靈仙

蒲公英　香薷　木通　紫蘇荆介

益母艸　木賊艸　菊花　紅花　陳皮

青皮　金銀花　金沸草　枳實　枳殼

桑椹　厚朴　旋覆花　車前子　石膏

麝香　大薊　蒼耳子　牛蒡子　白牽牛

小薊　官桂　三七　地骨皮　冬青一名女貞子　杜仲　草烏　桑白皮　桑寄生

地榆有赤白二種　雄黃　仙茅　馬蹄香

扒地龍　九里光　艾　萆薢　芒硝

地膚子　龍鬚艸　穿石藤　茅根　馬兜鈴

金鈴子　冬葵子

羽屬

雞　鵝　鴨　雀　燕　烏鴉

喜雀　戴勝　斑鳩　祝鳩名反舌鳥　鷺鷥

鵪鶉　鴿　倉庚一名黃鸝　雉　山雞

鸛　鷗　鸚鴿俗名八哥　鳧有二種一名野鴨一名八鴨

秧雞　拖白練　黑頭翁　啄木冠　鷂

鵲　野翠　杜鵑

毛屬

馬　牛　羊　犬　豕　猫　驢

騾　兔　獐　野猪　毫猪　狐　狸

獺　猴　豺　熊　豹　麂　鼠

松鼠

鱗屬

鯉　鯽　細鱗魚出紫甸河邑西七十里　白鰷魚出猛罔河邑東百二十里

厌魚　石扁魚出猛罔河　鰕　鰍

鱔

介屬

龜　蠏　蚌　螺　鱗鯉俗名穿山甲

蟲屬

蝶　螢　蟬　蟋蟀　蜻蜓　螳螂

蜘蛛　蠅　蚊　蝦蟆　蚓　蚕

祥異

人事作於下天變動於上天人感召休咎立應有自來矣我

國家大和洋溢百靈效順而機祲旱澇雖天時適然官斯土者亦宜知降祥降殃之故而惕然修省也志祥異

祥異

明萬歷二十四年八月地震　三十八年十二月地震　三十九年地震　四十三年八月地震

天啟元年六月大雨震雹霧黄紅色水溢壞田禾廬

舍溺死三百餘人

崇禎乙酉年九月間吾必奎倡乱由元謀薄定遠城

中人被其屠掠房屋焚燬殆盡　乙酉冬沙定洲

賊由黑井𦊅邑治攻楚郡垂困時守道楊公諱畏

知保全郡城無恙定邑獨罹其慘議者謂當時宜

百夫長協守定邑東黑井諸隘處庶不致借寇兵

而資盜粮也始知定遠爲郡城北門欲固郡城當

慎鎖鑰云

本朝順治十五六年虫食苗飢饉頻仍斗米三兩民間

掘草根樹皮以餬口　十七年螨虫食苗

十七年庚子冬鴻雁來滇邑舊無鴻雁至是百十為群日數過皆西去是後年年皆有不見回

康熙十年歲熟　十一年大有　十九年地震民舍俱傾　二十年四月五色彩雲見於邑之北經時方散　四十一年閏六月衙署池中開並頭蓮一枝蓮上蓮一枝一蒂十三蘂鴛鴦蓮一枝半紅半白紫微生連理枝開花一朵北界穀出一穎三穗　四十二年署地復開鴛鴦蓮並蒂蓮暨臺蓮各六朵

雍正六年十月二十九日恭逢

萬壽聖節楚雄姚安定遠等處同見卿雲捧日經辰巳
午三時次日午時復見絢爛倍常

乾隆四十一年地震六月震八月又震　五十九年
十二月地震

嘉慶九月地震　十二年二月初三日戌刻有物如
星首大如碗尾長三尺餘離地十餘丈自西南流
於西北有聲如響光芒照照暗室　十三年十月
初六日午未時見彩雲捧日　二十一年歲大飢
斗米銀三兩窮民求食不得有斃於路者甚有以
草根泥土充飢而死兼染疫疾多斃亡者　二十

二年四月豆麥豐收飢民賴以全活十月大有年

道光元年二月十九日辰刻彩雲見歲熟　十三年

七月二十三日地震時德生甫抵滇省二十三日辰巳間地大震日二三次一二次不等遍野聞者傷心澂江府暨嵩明州一帶更重惟迤西頗重輕余於八月十五日到定查詢情形尚無倒斃乃爲帖然

靈異

明嘉靖中邑民孟吉祥性極醇良事母最孝客販廣東多年貲本罄折不能歸家平生虔奉

關聖帝君造次弗懈家中宗族傳聞吉祥已死欲逼其妻改嫁妻設吉祥靈於堂中誓不適人至歲臘

族人方搆强嫁陰受人聘銀約以次日誘娶氏因未之知也是夜吉祥在廣因念時近歲除朋伴俱歸思憶其母悲咽不勝忽於昏夜中見

關帝躍馬揮刀如人間所繪形像呼吉祥諭之曰吾憫汝生平孝義流離落魄汝欲歸可瞑目攀吾刀柄吉祥跪拜訖如諭攀刀而行耳中只聞風聲未幾至一處命吉祥釋手去開眼視之天將曙即定遠邑南三里獅子山也城郭在望踉蹌而歸抵家母妻及鄰里詫異以為鬼物也已而知其生還舉家悲喜交集方偵知是日即遣嫁其妻之時也吉

祥益頂禮
帝君愈誠遂捨其家為廟終身奉祀香火不衰嗚呼
夫人一念之誠即為神明所鑒馳數千里於俄頃
全夫妻于垂散吉祥之孝義其妻之貞操有以感
之也以為靈異真靈異矣

定遠縣志卷之七

淯陽李德生培偕氏

九隆水其沂霖峰氏 纂修

藝文志

自張叔盛覽從學相如受經歸教其鄉肇開迤西文章之始沿及前明宏山恙書闡微皇極横峰獻策挨藜天庭炳炳然集中州埒迨我朝文教誕敷人文日盛定邑僻處西南位為坤坤為文於易占文象焉或名公巨卿紀軼事於烟碑兩碣文人墨客留清音於秩水春山凡有関於政治

學校民生者備載於篇亦以為採風者之一助云

爾志藝文

定遠縣儒學碑記

雲南楚雄府屬縣曰定遠舊未有學按察司提學副使仰齋胡公建議上請於朝始命建學盛舉也經始於嘉靖二十六年孟冬落成於二十七年長至學求宜有記縣之官師請於胡公乃猥以慎嘗從事秉筆後屬為記之慎參按圖經域志定遠在漢為越嶲郡地三國時諸葛忠武候征南中営於此今之望子洞遺址南存唐武德中置安濮州貞

觀中更名髳州後訛稱茅州宋世論於段高二階
彝尋至元立牟州千戶至今改為定遠州
國朝因定遠之名而降州為縣百七十年而始命建
學皇明文治之遐聲名之盛使仲尼之道與王化
遠爾多士生斯時斯地亦厚幸矣嗚呼漢之作土
名取越嶲者以斯地實越嶲水以彰休盛然特以
辟土服遠言耳武侯南征天威赫著而文治猶未
遑唐則先服後叛宋則畫界陸沉元雖合為一統
而舊俗無識焉國家以綱常為治禮樂為教雲南
雖去神京萬里而氣厚風和君子道行已而於洪

武初元檗被天言之褒矣咨爾多士涵泳睚涯豈可憬彼目棄乎殄髳濮之名已見牧野其歸仁膺化已兆于武王永清之世而武候之所過化則澹泊明志之道真寧靜致遠之心學諸士子獨無興起之里乎夫學亦多説矣肇始於六經發揮於諸子更僕未示終而走也獨舉武候澹泊寧靜之二言者以古者建學立師必本其地望希賢怔古恒首其仏先武候之在定遠固名宦之稱首巨擘亦後學之指南元龜也藏焉修焉之餘而驢焉仰焉息焉游焉之暇而詠焉繹焉亦可以為成人矣由

是而之焉以上希乎睚敢謂無其人乎敬書以竢

若夫建學諸有勞者其列其銜於碑之陰

尚義題名記　　教諭鄭　重

嘉靖己酉冬定遠學宮將落成欽命學政仰齋胡

公檄下楚雄府坐委楚雄縣教諭鄭重往董勒碑

刻名之役重即日捧檄發程既至偕知縣胡宏毅

教諭湯表乃屬諸耆英士落民者而告之曰汝輩

其知我宗師胡公刻名之意乎僉曰未知或知也

重曰凡學校之設恒以禮義爲先義立人之道崇

軌率物之準也準立則教員教員則志章而後治

效可幾也今汝輩後利先義各捐貲以襄成學宮則厥志章矣志章而又勒碑以考其成固所以表揚尚義之休是亦貞教之一端也教貞則錫類凡爾子若孫親婣友識藏修息游於斯者將顧名思義引伸觸長而制事制心率由禮義而出一日養成國器為臣盡忠為子盡孝使人人自立其有所觀法者皆建學育才之功也則汝輩尚義之舉為益光矣今名其有窮乎茲固宗師勒碑刻名之意汝其知之耶於是衆咸俛首舉噰噰喈喈而言曰匪公祇承德意而表章之吾人終於昧昧也已易

曰君子教里無窮具即仰齊宗師之謂與遂命匠氏壽諸姓石以永厥傳

文龍書院記

天下郡縣書院之設始於宋初嵩陽睢陽嶽麓白鹿之四大院凡以廣庠序教育人才之意俾學者知所當務麗澤於觀講究聖賢道學之淵源非徒章句佔嗶以為習聲利榮名以為志焉耳矣貴竹瀆江越公以胄魁選遠自嘉靖丙辰宰邑以來深憫新學諸士業之未廣德之未裕而用廸以聖賢之道學不忍為遐陬寡陋棄也故慨然捐俸不足

又以贖金濟之遊因學有先邑侯筠池謝公所置隙地庀材鳩工以善其事命庠生李敷榮陳生可久朱生應舉滕生世祿李生繼顏董其役事經營肇自戊午孟冬屆己未仲夏堂廳舍號門垣甬砌煥飾告成於是扁其門曰文龍書院蓋襲雲龍之域名崇以文明就變之象也扁其堂曰復初廳曰明誠東號曰時習西號曰日新意各攸存使士顧名里義之下必知習之新之明之復之勃勃乎廣業裕德之未已也復一日進諸士而語之曰大道既隱師友義衰口千之常談華謂手教仕進之

筌蹄華謂乎學聖賢成已成物之用無復異時麗澤之資朱張不遠千里講道浙西詮中庸之旨越三晝夜不合率定其說於朱子夫以精粹如晦庵超悟如南軒不能無藉乎問難之益此嵩陽嶽麓之所以得名而斯道賴以不墜也爾諸士能師乎古不湮於今則文龍之建不亦失乎嵩陽嶽麓之遺意也否則雖移嵩陽嶽麓於茲抑又倮裨耶時本甫過泗斯得聞其說於署學司訓南村段可學顏與大學生蔣子重既從而善之復申颺之多士曰汝輩其知越公建院訓士之意乎將輩修學術

於朱張而造德業於孔孟者也然公固得諸允蹈之實而心愛乎遵林蔣公者已有日也矧公才之敏連擀之捷白心之公恕而流於德業之既溢者見之政治如嚴左右者刑罰甦里中均傜役釐弊剔姦興利祛害鋤强植弱何莫非善政以救時愛民以忠國乎故亟旌之府司持之憲臺可追美乎古之循良而績之懋彰固不限於斯也但訓士乃風教之重而於治固不足及焉耳然以訓士之切徵愛民之深則公明体實用之學欲立欲達之心可具見矣爾諸士將安為耶傳曰事其大夫之賢

友其事之仁孔子猶憂子貢之未能盡仁而以親
師取友勵之諸士服膺公之箴訓以事賢友仁則
德業庶乎至廣裕而賢聖亦可優入矣文龍之院
將不為繼往開來之地乎因備述以紀之

再刻古大學義序　　明知事越民表

大學有章句集註矣吾師道林翁何為而有古大
學義之作也盖憂此學之不明專爾也古大學義
書陵有刻矣民表何為而再刻於是也盖廣翁之
教以來南之士焉耳也夫物我同体非强之也於
穆之命本無二也夫於穆之命心之本体是謂至

善而格致誠正脩齊治平之原也晦専久矣則義之作也翁豈容已乎哉雖然學也者學於心也非徒以言語文字也觀是如者潛心而默識之以連其同体之原則定靜安慮得之妙其庶幾矣是不存於人焉爾乎否則輪扁之誚難乎免矣固表之深懼也豈其再刻之志耶丙辰歲表就官書陵請益桃岡精舍中翁語及之迨抵任洞陽柳子以講至攜有善本表得之羗因覓工再刻而丐洞陽子序云

重建學宮序　　知府張鈞

欽惟我
皇上崇儒重道教化宣行所以造士作人者莫不
亹亹相承為古今立極十回年來
臨雍釋奠頒額懸書製章賜樂且復
親詣闕里至聖夫子堂光昭宇宙振敓文明猗
歟休哉蔑以加矣由是直省郡縣無不留心學
校尊
聖教以彰化導承
意旨以麗觀瞻乙丑之秋孳陽員欽遂題擾彭
子如璋者彭子自丙辰來滇試用所到咸有具

化而翳又具專責也新涖之初轍以
文廟卑隘不足興起文風梁棟傾圮恐致輶褻聖
像面商於余雖有廣大之心奈無擴充之費余
即慰之曰有志竟成子何患焉越明年復請於
余邑有以歸公具報者似可興修之基也余曰
差前言已踐矣殆默有天人之感乎即首捐俸
金彭子捐廉百數十緡同城文書各量力捐助
紳衿士庶輸將恐後且董事任勞群然分理在
在咸宜是冬余因公赴縣假緣謁　廟睹
大成之軒昂宮墻之夾豁不禁携手相笑曰向

之所以慰子者正樂有今日之觀成也但兩廡儀門尚虧一簣乃趣諸紳士刻日竣工以副余志言未畢即同聲唯唯事經始於丙寅冬告竣於戊辰春詳蒙督學二憲記功給匾奬勵誠盛也彭子不勝色羞請記於余因憶髳在商周亦小國也武侯王會諸侯於牧野髳亦與焉厥後爲州爲邑迹稱定遠由來舊矣山川交秀田疇肥沃風俗醇樸素號善區邑有黑琅二井鹺賦甲滇分設三學定居其正今而後

廟貌巍峩英俊揚眉遊新定之膠庠搏宏遠之鵬

翮余與彭子有厚望焉爰是進里
聖天子涵育薰陶以備股肱之任者端不自崇以重
道
始而臣工之為
國儲材以期化浹寰中者端亦自留心學校始噫
彭子其庶幾乎是為序

丁祭教

總督鄂爾泰滿州

竊惟
至聖先師萬世之師表也冠帶集圜橋天子有臨雍
之典春秋屆仲月上修丁釋菜之儀內則命夫

胄子三公外則寄於有司群牧典綦嚴也誰敢懈焉本部院前涖南藩職司秉臬恭逢丁祭親齋沐而宿釁宮先令仝官較簿書而正祭器乃知牲或已經宰殺既失告全致潔之心物豈盡屬肥鮮更乘博碩蕃滋之義且或常供不充夫額數任先後以那移珍品不給於豆籩致菹醢之双疊兼聞各學亦有同風罔知共竭精誠但餙奉行故事甚或尊罍未備疇詳犧象之形琴瑟雖陳莫辨敔柷之狀觀者如牆如堵任彼咆哮祭者似醉似癡頹如聾瞽一尊纔薦滿庭之

燎火無輝三獻未終兩廡之燈光已滅於是甑
鉶與簠簋悉凴顛倒凡筵鹿兔共榛菱似遇摩
典鸛雀分甘奪臁半由承祭之家人拍地喧天
遑問糾儀之齋長駿奔髦士曩時怒髮衝冠輿
隸膳賣一片雄心染指凡此之類罪豈勝誅皆
由約束云不嚴亦以躬行之未善不甲主爵則
身膺一命幸得窺聖人門墻分獻則職任丰壇
原以司泮官俎豆平時未知化導已蒙尸位之
譏臨事不克恪恭難免曠官之咎於是飭郡守
州牧縣令菁職兼以誠教授學正諭導諸員各

矢乃心以襄大典預期三日牲牷皆供乎餼牽
先事一朝品物盡陳於頖璧齋戒沐浴來觀習
樂試歌舞於明倫堂前科量潔清退服寢衣歛
精神於尊經閣畔庶幾必誠必信斯夙夜之惟
寅無怠無愆知神人之感格是頙申之條約用
以頒諸學宮　一既奉
肇聖五王不惟簠簋豆遵照數增設即牲牷亦應
各增其回有議共牲者其說不可從考之典禮
惟配享有可以共犧者專主無共牲之禮書云
文王騂牛一其明徵也自三代至漢唐皆不聞

有共牲之說惟後漢有赤帝青帝共一犢白帝黑帝共一犢議者非之唐開元時五品以上實異牲六品以下共牲豈有王爵而可共特者乎其各照數增一為五可也　一祭牲祭品皆有定額一豆一籩可缺遺況牲所親割以告虔也所其血毛以告全也可既宰而入學門乎豕曰剛鬣註謂其豕肥則鬣剛羊曰柔毛註謂其羊肥則毛細而柔弱此博碩肥腯之所由稱也可以瘦瘠不堪之羊豕而飲之灌之以充牲牷乎既宰且不可瘦瘠且不可況可缺其額而肥

吏胥之槖囊乎月令曰犧牲毋用牝文曰命宰
祝循行犧牲視全具按芻豢瞻肥瘠察物色必
比類量小大視長短皆中度五者備當上帝其
饗註曰上帝且歆享之况羣神乎嗣後各官俱
須先三日親至學視牲牷如法然後稽其谷使
人牧之以待先一夕親割吏雖奸其何所施乎
一丁祭先數日集樂舞生演習精熟先一日凡
與祭官親同往歡不得草率從事　一丁祭先
一夕凡與祭官齊集學宮齋宿不得有一員私
宿本署　一丁祭之日庭燎燈燭務須光明如

晝以俟祭畢後已除神前燈燭之外即官員不得各自張燈　一丁祭之日櫺星門内不得容一閑雜人所有事宜止許學書幹辦及小心謹慎門斗二人或四人照看燈燭其官員僕從人等一概於門外伺候萬無使僕從人持灯夾墊相隨上殿及上兩廡之禮君師一体幸勿自取罪戾以貽失禮之愆也　一丁祭之日既不容一閑雜人自無有搶奪祭燭及祭品之人倘或仍有潛匿門内乘空搶奪者以盜賊論即時擒獲解司以憑依法重究　一學宮之地聖賢靈

爽所依不惟丁祭宜修沉肅清即平時尤宜洒
掃潔淨近每見黌宮以內栽瓜種菜學圃成澆
灌之場曝被晒衣諸生絕往來之路甚至丹楹
刻桷徒供蝙蝠棲遲鳥革翬飛盡是鼪鼯巢穴
蛛塵百斛廟貌埋埃垢之中鼠糞千箕腥秽聞
宮牆之外皆已安之若素久且習為固然甚至
先師先賢兩廡之神牌倒置鄉賢名宦兩祠之
神位傾頹非其子孫有誰咨問加之朽蠹者罔
聞知凡爾學官所司何職即諸門斗多亦奚為
嗣後教官不時巡察務令門斗分班輪流值日

掃除學宮之内不得容一毫塵垢庶亦無忝厥司也慎哉毋忽

新建明倫堂碑記　　知縣張彥紳

國家設學必先明倫而建堂之名亦因之蓋有見於倫之為重不明則近於禽獸明之則近於聖賢使天下知父子有恩君臣有義夫婦有別長幼有序朋友有信此固世道之所由盛衰人心之所由淳漓明之不可緩建之尤宜急也定邑明倫堂自何年亦莫可考余自庚辰歲來蒞斯土朔望謁

先師見其堂牆傾柱摧有將圮狀欲重新之以數年來葺學宮移魁閣創塔造橋諸務未遑越癸未邑內廢者皆興頗稱大治乃集諸生鳩工庀材仍其舊址新建明倫堂三間大門三間於

先師廟之右又建教諭後宅三間廂房左右四間書房三間於明倫堂之後復建訓導大堂三間後宅三間廂房左右四間於明倫堂之右經始於癸未仲冬告成之於甲申孟春三越月而次第以就自是而定之人士明倫有地將見倫明於上民親於下為人子者孝以事親為人臣者

忠以事君夫婦以和長幼以篤朋友以孚世道於焉以感人心於焉以淳俗可易風可移上不負
朝廷設學之意賢者尊才者育下不愧官師建堂之心異日者定之人才蔚起安知不可為明堂之選耶雖然尤有進欲明倫先明心定邑之士誠能正誼明道先求諸心則亦庶乎知所為明倫也矣是為記

新鑄聖廟祭器序　知縣張彥紳

朝廷重道首祀

先師學宮釋菜必具祭器所以昭聖德崇祀典也其數必全具器必備不可缺者無如今之人皆忽視為可有無之物詎知事關大典對越神明生輝俎豆莫重於此未可輕也予至滇閱省庠春秋祭祀設有祭器定庠獨無是亦祀典之缺也予既以重葺

聖廟為章復以祭器缺畧為憂爰捐微資購銅一千餘斤命銅工鑄登一巵斗一象鐏一犧鐏一雲雷鐏一洗製一折製一壺鐏二鼎十三基十三簠十只簋十只鉶十只盞二十四毛血盞二十

四共一百三十一器新製木櫃藏之廟中令執事者司之每遇春秋祭
先師可無缺畧之憾而定庠諸生用是器者夫亦可以知乎之心矣

脩建泮池柵記　知縣梁松齡

學宫之有泮池由來久矣頌歌泮水雅咏辟雝胥此物此志也夫有池則必有橋則必有柵欄豈獨其体制為然所以崇
聖學廣教化而一邑觀瞻於是乎在古者講學行禮一時之士無大無小莫不圜橋而觀聽非是之

謂與定邑泮池自明季燬於兵燹年久未脩康
熙壬午前縣張公舉廢重興四圍甃石改疏池
水雖大畧已具然上之橋梁旁鮮欄柵不無缺
畧之憾且池在門外難免曠蕩之況豈彼時經
營未暇但因陋就簡以俟改作於後之人乎旹
辛酉莫春之初余奉
聖天子命調任斯土下半之日恭謁
至聖經遊泮池目擊規模未備遂欲商之多士鳩工
庀石布置周全旋緣奉調入闈未遂所願及科
場事竣回邑王生寅姚生維精蒋興是舉賓有

同心因請命於予予以愜素不禁欽然而允惟是工費浩繁非出共勷無以告厥成功抑且鑿新填舊非有督作無以斟酌盡善而諸生遂公舉邑生謝生于楚李生世臣王生寯李生賓陳生昭舜王生作梅劉生映垣以董其事闔邑士庶亦各捐貲樂助不數月間迁池於門內橋梁柵欄煥然一新非復昔日之規模矣功既告成諸生憲無以垂諸永久而勵後人也復請記於余以壽諸石余曰是舉也誠上之可以壯觀瞻直追泮水之遺風再睹辟雝之盛績自茲以往

定之士人爭自濯磨沐浴詩書振興禮樂行允
芹藻生香綿延科甲新猷煥彩媲美前徽余將
爲諸生拭目俟之也爰詢其所請因備述原委
而爲之記云

念始碑

明侍御駱問禮

碑曰念始念夫始事者也爲前署縣事故麗江通
安州吏目劉君立也劉君諱名弼直隸大名府長
垣縣人爰來署謂縣不可無學白之督學者以聞
於朝報曰司遂募民之好義者度工時阻撓之者
百狀君不爲動告成竟不需公帑一錢其建立之

可概故太史升菴楊公記諸石矣無一言及又後二十餘年余忝茲土學之譽髦念所以得有此學者實賴於君懼遠而或忘也狀請為碑余謂古人一飲食不忘其所自始況諸生得於相與涵泳於禮義之地宜有不能已於念者然則劉君一下吏其董率興作下吏職耳不曰當道之檄乎朝廷之澤乎而獨念此也僉曰朝廷之大澤當道之加惠記之矣為未及劉君故特表之且前此當道亦曾議及為下無承之者率壅大澤君職卑署暫能任之毅然而不阻於外議則所以承當道之者而宣

朝廷之化者至功固不可誣而其事亦不甚易失今不圖後誰知之余曰懿哉多士之意也多士不能忘劉君其能忘當道乎又其能忘朝廷乎且多士知飲食乎夫飲之在人天地實生成之百神或節宣之而每食必祭惟曰吾念夫始為飲食者豈其忘夫天地百神哉多士之不能忘劉君亦念夫始為飲食者之意也然多士知所以念始之道乎夫物必有則物文也則實也人孰不飲食也鮮能知味也夫其不能知味也則豆間一出為能念始否乎夫學一朝廷教化之一物耳多士日藏修其

中必使此學不爲教化之文具也斯可謂念始矣
余忝事兹土於教化亦與有責顧教化之具既有
始之者矣欲與多士圖勉其實而薄為羈旅朝不
謀夕所幸多士得飲食矣豈無知味者於其中而
徒為念始之文乎使徒事其文而欲後之能得其
實也難矣余能為諸生碑顧所以不虛此碑者在
多士也僉曰唯是舉也庠生陳善楊廷臣鄉耆朱
巒楊本然李潮李一陽開先建議綜理惟勤咨始
有勞者也遂記其室説而繫以詞
詞曰 聖神御極化同萬方惟兹定遠遐麗炎

荒敷文無地非道未先爰有所待在彼忠良惟
良顯哉來自畿邦小官不鄙大道知杭政先養
士敢曰未荒上帝德師民財義降不需公帑煥
然宮牆師儒睽正俎豆煇煌百年曠舉一日用
昌物熟無始惟遺則忘懿哉多士用意惟臧謂
食必祭甲苐台棠名之珉石庶具永彰永彰惟
文實亦有常念茲在茲游息脩藏居甲苐俗出
必佐王帝德用酬臣勞自持匪始之念惟終則
芳定山叢叢會基在陽定水何奇有泉如湯山
增而高水滙而汪伊誰之賜與且未央請觀斯

石用砥周行

移修泮池碑記　　教諭水其沂

粤稽天子之學有辟雝諸侯之學有泮宮鄭康成謂泮之言半也半有水半無水以其半於辟雝故曰泮水明堂位云周學名頖之言班也所以班政教蓋名生於形而又因名立義所從來遠矣定邑原有泮池明季已燬兵燹康熙午壬邑宰張公募夫重鑿隨即坍圮乾隆七年知縣梁公移修於大成門外甃以磚石增以橋梁欄柵規製一新惟是地勢局促鑿池淺狹夏秋淋積春冬水涸且阻於

櫺星門向文筆與泮池相間山澤未通文風滯塞

於道光十一年春沂由鎮沅俸滿咨補是邑睹茲

殿宇輪奐祠廡嚴整不勝軒然輾然而獨惜泮池

之布置乖其位規模局於小轉增慨然嗣即商之

邑侯卲公咨曰可謀諸紳士司事僉曰善由是度

地相宜諏吉鳩工廣之以拓其勢深之以蓄其源

升之以壯其觀多石以嚴池之周擔土以埤地之

四罅隙必治纖悉畢舉淵淵然漾碧渟泓宛然半

壁用緡以四百餘千計役工以千餘人計始於辛

卯冬肇興延至甲午夏告竣是舉也歷日甚久成

功甚緩而必勞勞焉勤其事以要其成抑何為者
嘗讀詩泮水之衆小序謂僖公能修泮宫也其曰
烝烝皇皇不吴不特則在泮獻功也其曰敬慎威
儀維民之則則魯侯之德之見於泮宫者也又曰
濟濟多士克廣德心則又多士之在泮宫薰於魯
侯之德者也至於克明其德懷我好音皆在既作
泮宫以後古者鄉射養老受成告捷諸大典皆從
事於泮宫所係豈不重哉營而修之殆有見於此
乎自兹以往凡來涖是邑者亦皆慎威儀而敷政
教俾士民是則是傚如魯侯之可頌也乎彼都人

士相與砥礪濯磨澡心浴德究濂洛之旨溯洙泗之源於以釆藻釆芹甲樂泮水共被鸞旂鐘鼓之化而奮然興蹶然起也乎誠如是也則亦知移修泮池之意廣矣大矣深矣遠矣烏可以不記

新建縣署碑記

知縣張彥紳

朝廷設職爰建官廨以出政臨民体統歡瞻係焉非細故也定遠縣署不知建自何年亦不紀其姓氏歲月既久風雨飄搖柱傾椽摧難以朝居官斯土者視為傳舍廳至圮毀從未有起而修之者庚辰歲余奉

命來涖定邑入其境久夫城郭荒凉衙舍湫隘一切事宜皆無法制以是盡力興除恩威並濟期年之間政通人和詢諸紳士欲創修之爰乃捐資更其舊制從前至後為之鼎新是舉也始于庚辰冬竣於辛巳秋不一載而次第告成由茲出政臨民將体統於是乎尊觀瞻於是乎肅矣嗚呼事之興者不可廢也事之廢者獨不可興乎舉廢者而興之伊誰之力歟創造雖始於余而邑之士民樂輸恐後趨事直前亦與有力焉因鐫諸石以傳不朽云

新建鎮西樓碑記

知縣　張彥紳

定遠官署在縣之西右近城樓白虎聳峙堪輿家謂虎壓於龍災祥不一爰建斯樓補作青龍良有以也創始於先明萬曆十三年内江張諱應臺者其樓南向規模湫隘匾曰遠觀繼葺於萬曆三十四年銅梁鮮諱順祖者又更向而東名曰迎暉其時所費皆邑内士民好義樂輸康熙庚辰春余涖斯邑邑中百事廢弛官署城樓俱傾余仍其舊址舉前後而重新之越辛巳冬功既竣乃獨捐微資庀材重建轉而西向題曰鎮西樓夫西金地也尋

斯樓以鎮之與西城樓兩相輝映庶其反災為祥而宰是邑者登斯樓亦可以覽山川而占雲物省耕歛而察疾苦晨鐘暮鼓之餘當必有蚤作夜甲勤力勞心奮然吏治而無倦者矣如曰借以壯遊觀則又余之所不取也樓成因為之記

新建西南城樓碑記　知縣張彥紳

建城置樓凡邑皆然古制也定邑城樓惟東北獨存西南盡圮涖斯土者任其傾頹金湯之謂何何以壯邑觀余於癸未冬既葺西樓三間甲申冬復葺南樓三間凡所需材物給以價所用

匠人給以米不取民間分文升合獨力捐修越兩冬而兩樓成樓既成非惟可以壯一邑之觀抑亦可以代常平貯捐穀上体大君行慶施惠之意下備小民賑亟救荒之虞予之急於建斯樓也所係豈淺鮮哉

重建文昌宫碑記

知縣謝錫位

定遠古越嶲郡地自漢唐迄元雖時隸版籍而邑處荒遠聲教猶未洽焉前明嘉靖始建學立師而人文丕變學宫之左舊有文昌閣始自崇禎甲申歲久剥落將淪蔓草閒前

令鍾公志存修葺謀諸士民咸踴躍輸貲趨蹌集事於是鳩工庀材選地於舊閣之前復營新殿經始於庚子季冬落成於辛丑孟春遂卜吉

奉

神像於中而以殿後閣為

祖父祠甚盛舉也嗟呼定邑自唐人作土以來闢荒而成邑又歷七百餘年矣而踵事增華昔之一椽湫隘者今則規模宏敞昔之僅構亭堂者今則復建寢門此雖宰斯土者振興文化之心亦何莫非諸生之敬

神襄事始終如一之所致歟蓋嘗按之天官志文昌四星主天下圖書為司命之神周禮大宗伯以槱燎致祭在六宗之列而世俗以詩人所歌張仲孝友當之夫古聖人之立廟舉祀典也匪直以云報也將以悚動人之心志而範圍乎一世人之以使於對越駿奔之時凜凜焉有元堯於羹見舜於牆之甲則即以張仲之孝友炳炳烺烺乃揭日月於天行海河於地者為神之化身不愈足以興起人以維持世教而赫然為百世之師乎諸生謁斯宮也臨在上而質在

旁時存一吾以之神明而探其本原凡所爲孝友之大者皆内照於以而無愧則是宫之建於學宫側者誠有裨於立學設教之意而士之拜於祠下者詢可以希賢希聖而無愧於神矣豈僅科第蟬聯聲華崛起之謂哉余承之南來聿觀成事遂援筆而爲之記若諸生之與有勞者皆刊其名於碑云

移建魁星閣碑記　知縣張彦紳

凡建學必建魁閣者何以文士科甲星實主之建閣以祀佑文風也定邑昔時士以文名庠中

弟子員擢秋闈上南宫者亦不乏士自辛酉後

文學之士不聖賢書二十餘年矣

聖天子之文教非不誕敷但以魁閣方位失宜耳定

邑魁閣舊址原在學宫之左建諸辰方是爲庠

地無惑乎取科第者之不數覯也予涖定邑每

朔望謁

先師目擊學宫圮廢不葺嘆息者久之乃捐簿資

垣墉則塗塈之樸斲則丹雘之殿堂以磚布之

泮池以石甃之圮者補廢者修而學宫於以重

新因進諸生而詔之曰向者虎山建塔不利於

定予既移之龍首補作文峯矣今長方建閣無
裨於學予意亦欲移之巽方俾内外兩有文峯
可乎諸生進而請曰父師既爲定移又搭爲定
縣閣培植文風甚盛意也異日桃李得叨入𣪍
皆父師之賜也敢忘所自耶遂移閣於東隅夫
魁文明星也巽文明地也妥神於此以享以祀
以佑文風庶得至宜而大有補於學宮且有造
於定士乎閣成爰以一言記之期定庠多士擢
秋闈上南宫者相爲接踵是則予之所望者也
已

新建奎文閣碑記

知縣鍾作肅

五嶽於嵩山皆環拱而内向者也蓋其巍然特立峻極於天有以萃精英而育萬物而華恒衡四面遥臨主輔相資發越彌厚不獨五行百産待用無窮而名世賢豪挺生靡盡詩曰維嶽降神生甫及中良有以也北斗辰極七曜煥然而璿璣玉衡魁居其四統主乎中以麗天則書輝東壁而四輔三瓜乃得佐紫微而成經緯然則宅中圖大居重馭輕之勢寧惟天下哉一邑何獨不然余以乾隆癸未歲奉

簡命承之鬃陽涖任以來勞以撫字嗇於政治之餘
覽其形勢象峰東峙羊嶺西來南則獅山踞蟠
北則龍岡綿亘而邑建於平原十里之中殆不
啻四岳之朝嵩四辰之拱極矣故秀氣所鍾人
才輩出科第理學孝行節烈前志所載皆足以
增光庠序表正鄉邦特是方城如印列市四通
如門俱有高樓而當中獨缺擦以宅中居正之
義宜以營建培之且五星聚奎瑞起文章之盛
而定之
魁閣偏在城隅倘更建一閣以葺峙於中則因其

卬而崇其柄其于人文之盛不更有進乎適司
鐸楊公以河毎名宿為此邦士子楷模學問經
濟卓有可觀而化導維殷士風丕振興余時以
課藝接元諸生因詮及此而公之所見正有合
符更詢諸紳士僉曰前重修
文廟曾建此議請於彭父師已蒙許可繼以
學宮費浩無力中止今幸父師加意作育生䓁
願繼前志余聞之忻然遂與楊公相土正位庀
材鳩工而邑人士踴躍捐金共襄厥事不數月
間而經營告竣是舉也高閣凌空鎮

魁星於雲漢丹青映日耀文釆於天中玉洞金城千門煥圖書之色青郊綠野四圍騰奎璧之光况恭逢
聖天子雅化作人各
上憲留心文教培埴既厚誕育必昌從此地靈人傑成人小子皆譽髦之英鳳起蛟騰文德武功悉賓王之俊知夫維嶽之降輔弼之生於此藪黼
盛世潤色太平視前烈為有光者不可為定邑望也哉余耄楊公之以善化士與余同志而多士亦

克以善自勉而樂相從也因閻求而為之記以
壽諸石

新建文峰塔記　知縣張彥紳

康熙辛酉余從
王師恢復雲南官遊西迤遍覽名勝睹夫人文之
傑咸由地脈之靈雖云自天生成實出人功培
植歷有明驗者迨奉
簡命再遊滇海來涖定邑元邑之南去城三里山
曰獅山明嘉靖間建學時並建此塔于山之巔
用作文峯迄今三百年來科第寥落文運未昌

揆厥由來皆塔不利於定之故余政暇偕二三友生聖眺獅山自西而南白虎昂頭逼迫暇城中建塔於上是為朱雀生角鎮壓之術所宜急講也余宰斯邑凡可利民者悉殫以圖之矧是塔關夫士風民俗不急為改建可乎乃閲東南隅有象鼻山峯巒秀起正内堂青龍回顧有情爰捐微資迁建於此命曰文峯塔異日者定邑之士鹿鳴迭咏郡歌有造之休定邑之民鼠牙不争共仰無訟之化余不乏移易之功云

重修文明塔記　　拔貢李慶元

蓋聞扶輿磅礴之氣鍾而為名山而川嶽靈秀之奇發而為人文至其間有缺陷者往往借人功以補造化則山嶽因之而奇人文因之而盛地靈人傑斯其驗歟邑南十里許有磨盤山圍結層累形如磨盤故名惟是体圓而氣不振頂平而勢不振頂平而勢不峻此亦山之缺陷也前邑候張公彥紳於康熙年建塔其上補綴山川振氣靈脈於位為離文明域焉顏之曰文明塔所以培風脈兆人文也迺越百餘年風雨剥落夆頹突如至道光四年邑侯謝公体仁鳩工

重建與獅山文峯塔遥遥相對文筆撑天宛如奎璧炳耀於南極而光華輝映於黌宫文明之標表壯矣昔人謂文章關乎氣運人材因乎地靈特未知運何時而興地何時而靈將委任於造化耶抑待命於山川耶余以為運主乎天山結于地而斡轉在人夫果人人共有奮心立德期於崇高為學期于上連將造化在手天地為昭計自今以往夫豈無應運而興蒸蒸兟兟蔚國之華炳炳烺烺者誰謂人事之斡轉不足以挽氣運而維地靈哉然則兩邑候之創修是塔

其有造於定邑也功誠偉矣是不可以不記

疏濬城河記　　知縣史褒

擧陽勢若仰盂中平地可耕者周環衹十數里耳而雨暘時若又難以人力定所賴導原泉以資灌溉歲可望豐厥水從西北雲龍山發源由文龍川分為二支流入城河用以興地利而作池隍攸關最鉅考縣志城曰耐龍唐時所建則河為同時所鑿可知迄今盖千百年於兹矣癸丑之秋余署篆斯邑循例閱城見城河淤塞與平地埒不特附郭居民無水可汲並無水可瀦

亟甲疏濬而工役無項可動恐勞民力逡巡未果越明年甲寅秋大熟時和歲稔物阜民安乙卯正月素書李少府來告余曰事之有待而興者天時與人和交際而地利因之以成方今春和東作未興民力可用疏濬城河此其時與現據紳士暨四界鄉保詢謀僉同費不動帑夫出於民公議妥協請及時圖之余曰唯唯修舉廢墜守土事也先之勞之其曷可辭由是卜吉於二月中旬興工督率紳士同心展力城鄉人民踴躍爭先趨日事赴公者不下數百人畚鍾爭

先未匝月而工竣城河四面渠水流通試望堤一望清流映帶即昔日湮沙淤塞之場也岸芷郁青即行人旅道往來之所也豈徒曰利吾民亦藉以固吾圉也惟是兩岸河底必如舊時界址一律寬深斯河無壅塞之患所慮者宦跡萍踪迁徙靡定自兹以往三年一濬是所望於後之牧民者文水湯湯維城之隍則於是固我金湯殖彼農桑溥利無疆流澤孔長爰珥筆而為之記

慶豐安樂二閘序　　貢生李青獻

稽夫濬澮距川夏王力勤水道瀦蓄溝蕩周官爰命遂人至後世叔敖起芍陂而楚國利文翁穿湔口而蜀土饒他如障水溉鄴鄭國豐盈溢渠入秦関中沃壤水利之興所以裕國課而厚民生者閘埧其最注也定邑縣沿西北之隅縱横二十里南東其畝雲連數千頃河道雖通瀦蓄未備灌溉難周乎遠地樓藝恒傷夫後時雨水稍遲荒蕪益甚惟農人時厪涸澈之憂宜先事預籌防川之策於是度彼地勢尋彼原泉而可以灌境内田畝者莫如西北三水一源出邑

西三十里化佛山一源自瀑布泉轉王通河一
源出邑西北大龍箐總滙於斗箐河由趙旗村
以下三江口以上兩山關鎖一水中流建閘築
垻此地為宜由是士民協議請於邑侯沈公堂
相與按田計户庀材鳩工築堤甃石於三江口
建下閘當春東作方興而播穀之各取諸此名
曰安渠於趙旗楊建上閘入夏栽種既屆而耕
耨之各取諸此名曰慶豐閘是閘之成也五滴
有分放閉有時設管事以經滴涂立垻頭以防
溢涸視晉之杜元凱守荊州修名信臣遺跡而

原田賴其滋溉宋之趙尚寬治陂渠守臣故道而唐地亦復膏腴者其功一也其利溥焉迄於今書疇綠壤歲取十千白黍黃粱廩占億萬家慶豐盈户享安樂勤坊墉于一時獲康阜於萬世後之人飲其水而可不甲泉之所自始食其粒而可不甲穀之所由出也哉

白塔垻冊序　副榜萬聽

昔歐陽永叔修唐書地里志凡開一渠立一堰俱附於其邑之下顧所定水規經制未之及舉其大而詳者可知不妨從畧也夫農事之緩急

視水利之廢興明洪武朝詔國子生分諸天下
郡縣隻吏民乘農隙沾水利奏開堰塘四萬九
百八十有七河四千一百六十有三陂渠隄岸
五千四十有八歷覽前代勤民之政可考而知
者莫大乎是我
朝重熙累洽乾隆二十一年下
詔廣興水利予家定邑而世里於白塔白塔水垻考
之老冊嘉靖二十五年九月里人朱天爵戴俸
薴控經各利道謝公批示郡伯仰定遠縣民戴
俸薴率田户疏濬修理其垻東至路南至塔西

至路北至山深二丈周五里共一百六十丈故閉灌漑有條不紊則水利之永賴無窮也今代遠年湮壩塍傾圮積水微隘衆田戶僉同督率修理工既告竣相謂曰老冊朽矣水規經制埋宜另行開造投官盖印以遺世守而請序於余余維斯壩之造予先人嘗襄事於其間今予舌耕餬口借館棲身倘異日有寸業之置亦里中明農人也况仰副

聖天子重農至意而書之以紀成勞亦儒生所不得而辞者乃因其請書之為序

定遠縣公田碑記

知縣許應元

定遠蕞爾邑其士醇其民樸漸而化之臻於康阜也不難但民利未興則民生未遂爲之宰者日皇皇然勤簿書勞訟獄而窮簷蔀屋之中有益稱貸鬻田畝剜肉醫瘡而呼號莫應者是徭役有以朘其膏供給有以覂其力如今之協濟牙行遠夫是已予下車蒿目者久之凡公門中稍足累民之事非萬不得已必汰而去之至尋常匹馬名夫自發其價供給器皿一無所需僅求無愧於心未敢云除民弊興民利也歲辛巳

以大姚軍需蔵事之後乃延邑紳廣議所以便民之術僉願捐貲置田以祛民累然而沙磔旱乾未善也刁佃逋欠未害也規程紊亂未善也於是擇膏腴楊莞負選租佃立章程汲汲孜孜唇焦舌敝越三旬而其事乃定吾憶是時向之楊單書而啜泣者無追呼懸耜之憂矣向之負鼎俎而咨嗟者無束手徽牢之患矣向之裹餱糧而跋涉者無歸涔遠歷之煩矣美善未全臻疾苦似應少減後之念切民瘼者援其舊章擴其新澤踵而增之則兵庸期會之時皆顧復生

成之日禮樂征猺之候悉笙歌鼓舞之人食德飲和不惟有以慰乎上憲之痌瘝亦藉以完親民之職分其裨益豈淺鮮哉

惠民倉碑記

予於己丑夏來涖斯邑竊見山陬蕞爾地瘠民貧素無積貯憲及備荒之策三年於茲常戚戚焉閒考朱子任崇安時借府穀六百石春放耔種秋則加二取息行之十年積貯數十石後則僅收鼠耗不復取利民甚賴之而社倉之法且傳之於今予不敢擬先賢之政以竊慕之爰是

捐廉買穀六百石建倉於西城樓貯穀其中名
曰來名恵民申詳上憲移交復任乃事未藏而
予以
計典去官一切收放積儲作何章程有志也而未
之逮焉惟賴後之賢有司與邑中諸君子斟酌
損益以善厥後俾具恵果及於民而民果沐其
來培亦感同身受焉道光癸巳夏五月前任定
遠縣知縣邵世培新圃氏記
新圃邵君捐廉置來民倉穀意在生息積纍
為備荒策誠盛舉也交代及德生倣而行之

不效推原其故擧陽雖瘠土力耕而食者半走
厰而食者半無游民無乞丐比戶皆然不沾
沾焉以米鹽為憲自嘉慶四年後四界社倉
聽從民便存蓄多年尚無稱貸者況以宜廩
之稍加息出放即雖然將聽其終存於倉乎
風雨剥蝕鼠雀耗殘不十年將為灰燼矣盡
未及民而新圍之來且漸減于無何有之鄉
此非創始之過乃不能善後之過也德生再
四籌畫乃因地因時為權宜之計請於郡伯
變價生息以備公用遇荒年猶可為小補之

需不失新圃本意則新圃之未長留而民亦未嘗不受其未也商於邑中諸君子僉曰可因附記之

平成閘記

定邑跬步皆山田少地多憂旱叠潦且並無積蓄不通舟車設一遇愆陽即成荒歲余自蒞任以來日以水利為急而境内概係窮民極難振作如慶豐安樂等閘業已出示捐俸三年於茲未獲興修余心猶歉然未釋今夏四月邑東長冲士民温儲元等且控上麥冲温寅攬修水閘

有碍墳塋一案余親臨勘查該地有河泉三處
一冢源出黑冢河一源出清水河一源出馬厰
河三水總滙於馬厰河口兩山夾峙源泉中流
庠生李洋生等約衆農民按田捐資相地造閘
其閘口即藉山之石脚穿硐而出形勢鞏固此
誠天造之堤岸一勞永逸便莫便於此者且其
地在温姓祖塋之左相距約五里許隔山三重
乃温姓憲其有碍墳塋因而生訟余深以為不
然嘉慶甲戌諸歲余肄業　京師曾畱以於沈
公地學及四彈子諸書見形冢之說高一寸為

山低一寸為水陰陽兩宅總以結聚為主堂岍以外概可不論從未聞隔山數層而尚有干碍者望訊時傳集兩造旁引曲喻聞者莫不悦服遂具結完案准其興工修鑿越兩月工竣該生民等請序于余並懇刊入縣志以垂永久余允其請并名其閘曰平成盖取虞書地平天成萬世永賴之意也此閘一成不苐上麥冲一帶田畝無虞旱魃再能廣至豬灖即爾温姓之田亦可藉茲潤施盡戚膏腴況因此一案温將軍數代之名俱載入邑志其利益為何如耶目時歟

後溫姓之墳山與衆姓之闢功並行不悖各修
舊好毋滋訟端以共体命名平成之意焉是則
余之所深望也夫

大成井記　副榜萬聽

天降甘露地出醴泉則養道大成若夫草昧經
綸發見富可此聖德之時也邑城井養專恃北
門文井武井不遠焉孰知聖德流膏在文武二
井之間歟今年四月無雨井泉水縮不足供闔
城之需居民苦之

文廟

皇殿兩介之間為學署甬道文井武井上下之中東
文廟而西
皇殿也殿牆外東有蟻文于過見之曰是必有異高
諸街鄰掘土數文甘泉湧出衆為樂從其中甃
石不日井成其草昧經綸之發見歟夫水行地
中無往不在鑿井得泉而曰水專在是非埋也
斯泉遠勝他井闔城人井養不窮是蓋
聖主
至聖作君作師大德敦化淵泉時出地不爱寳井其
一端不異漢宣時之甘露降于學宫

世宗時之醴泉出於白崖也孟子曰孔子之謂集大成井上六曰元吉在上大成也可道師道於是為極因以大成名井而記之如此

新建鎖水閣碑記

廪生陳一敬

閣名鎖水培風脈也定邑之水發源西北而流於南當水之口風脈係焉建閣鎖之正以培之也昔有閣不知創自何年迄于今僅存舊址間嘗過其地不禁喟然曰誠有興廢舉墜者起而新之亦定之幸也適庚辰之歲我張父師來涖斯土甫下車即以興除為之己任於是葺學宮修

神祠改建三塔重造四橋夫役悉蠲柴草盡革
一切陋弊釐剔殆盡催科不擾訟獄不繫盜弭
民安政成化洽邑內大治越壬午父師乃謀紳
士庀材鳩工前建鎮水閣上祀玉帝下奉帝君
中建大殿三間內塑八蜡像左右廂房六間紳
士見我父師之有造於定也為之公建後樓上
供
萬歲聖座中奉三世古佛下立我父師祿位左右廂
樓六間一一懸額製聯以莊嚴之又置常住田
數十餘畝以供香火命僧會宗珂職之嗚呼世

之廢墜者不少矣而斯樓復興舉於荒殘之餘
且規模閎敞煥然維新伊誰之力歟非我父師
其孰能舉前人之所不能為者獨毅然為之且
為之而成成之而速是孰使之然哉蓋緣我父
師之澤入人之深故人之以感
父師之切不日而成其速若此邑之紳士立位
以報父師也宜也雖然余又因之有慶焉昔也
碎瓦頹垣今則峻宇彫墻矣昔也椽傾棟摧今
則宝網珠宮矣昔矣顏消色減今則丹堊輝煌
矣嗟夫昔日之有所今日無之者時也昔日之

所無今日有之者也人豈非地之靈由人之傑
時之盛乎今時際清晏
天子聖明故特簡循良牧兹定邑地雖彈丸僻在邊
陬而士樂詩書民安耕鑿皆我張公父師數年
之百撫綏教養風漸返淳俗皆還樸今日得以
樂睹斯閣之成皆父師之賜也其能忘耶敬不
敏為文記之俾後之人知培風脉者蓋而有自
云

新建先法寺武侯祠碑記　知縣張彥紳

仰觀往古俯察來今求其入可為相則盡其忠

出可為將則奮其書功著當時名垂後世三代
以還惟
漢丞相武候一人而已余幼閱史至武侯事後
帝出師南征七縱七擒嘗羨之慕之然止見諸
史冊已耳適庚辰歲余奉
簡命來涖鼕陽纂修定志訪定古蹟有光法寺為武
侯駐師處後人重之立祠祀之昭其德也今歷
年已久祠宇圮毀蒿萊荒穢問其遺蹟石碣無
存雖曰武侯之靈不專在定然豈可疑其不專
在定而聽其圮毀荒穢也哉癸未冬余捐資重

建新祠三間左右廂房六間大門一間命王子天錫董其祠事祠成住持慶華夜聞祠內有人馬鼓吹聲庠生周肇卿聞之客民劉君美亦聞之噫嗟我知之矣侯之靈在天下如水之在地中無所往而不在侯之來格侯若或示之故人若或聞之歟余又詢諸士人是處蝦蟆不鳴至他處乃鳴蓋為武侯所制故先法寺無蝦蟆聲於此元侯之能服物焉侯入越巂之偏孳民運菽麥至乃擒孟獲於此見侯之能服人焉孟獲之言曰公天威也南人不復反矣至於今千百

年來土地開拓人民又安莫非武侯之功於此
見侯之大有造於定焉余固羨之慕之且敬之
重之為之建祠以妥其靈也有以哉

採訪節婦引　　拔貢李慶元

蓋聞三才聚秀固產乾剛五行稟靈亦昭坤順
蘭心蕙質綺閣不乏名媛繡鳳吟詩錦幃偏多
淑女領德言容功之教姆訓堪師秉幽閒貞靜
之姿女箴是范若乃河洲致咏琴瑟譜靜好之
音瓜瓞呈祥鸞鳳奏和鳴之曲高牙大纛翠髻
珠冠持粱齧肥錦圍繡褥抑或時逢蓼藿纖屨

於北總運際糟糠饁餉於南畝雖守富以甘貧
亦安常而履順景惨者銀燭揺紅忽灑風前之
淚彩毫試墨倏停眉上之春三生石畔赤繫典
睽一珠掌中白首難倚天桃農李悵景物之時
新月白風清恨幽懷之莫訴高堂鶴髮望絶倚
閭膝下嬰孩嗟興陟岵家庭四壁賴菽水以承
歡茅屋數椽和熊丸而勵志命也如此天時為
之則有寇盜卒起逃匿山谿兵燹相仍離散曠
野從虜則背夫含垢則失節肯捐軀以全貞詎
反顏而事賊若具伯叔沒矣兄弟查乎父號無

以為親毋也無以為子絕相夫之志奚惜青春動養親之懷甘守白壁以同皎日歷艱苦而不渝誓不二天經盤錯而愈固種種堅持楮毫難罄且夫閨中懿範足跡不出戶庭壼內芳型名譽未傳鄉里秉貞操於生前埋幽光於死後必待嗣續昌熾潛德始達

彤廷倘若宗桃寒微貞烈終淪蔓草死者負屈生者含悲慟何如也嗟呼節義係夫倫常貞操本於正氣事関風化恐令淪亡我培階父臺志切闡幽情殷訓俗凡茲窮鄉僻壤詎無巾幗完人即

在萬户逢門諒有懷貞嫠婦搜羅所至大美畢彰實情所呈小善悉録行見白首完貞不興草木同腐俱使青年守節常隨忠孝爭光爰修列引以紀表揚

新葺東嶽廟碑記　知縣張彥紳

陰陽一理也天降下民生則設陽官以理之歿則立冥官以司之無非欲民知善惡之報為不爽耳定邑嶽廟載諸祠祀其址在邑南里許每歲三月二十八日為有會邑遠近咸敬事之歷年既久前後殿半圮左右廊皆頹及今不葺將

圯者愈圯頹者愈頹矣予用是惻然爰集邑中人士共謀所以葺之者邑人以廟邑中廟也宜募邑中公葺之予乃伻人募諸境內以人人頭上各各有一東嶽則人人心中各各有一修嶽廟心聊募升合助其弗及其不足者予與學博縣佐暨駐防量捐微資共成厥事始於甲申冬竣於乙酉春廟功既畢為文記之嗚呼古人有言天堂無則已有則君子聖地獄無則已有則小人入夫天堂豈真在天地獄豈真在地哉亦造於人心善惡之一念而已予願邑中人士勉

為君子毋為小人明乎善惡之報為不爽則謂陰陽為一理而天堂地獄之名為不設也可

重修永定橋碑記

廩生陳一敬

蓋聞修橋之制見諸冬官成梁之文垂之夏令以其事関王政故古來哲后恐民病涉恒加意焉重可知也邑東南大河名龍川江為諸水之滙乃一縣之要路亦合郡之通衢所必由而不可越者修之誠宜亟亟也前縣父師袁君于丁丑歲冬十二月率衆修之人為以便後袁君以卓異内陞而橋因馮夷肆虐遂圮迄今多年無

有過而問之者適清河
張父師洍定凡所經營無一非造福定邑起見
若文廟若官廳若城若塔咸煥然一新百廢皆
舉復憲斯橋不葺無以慊利濟意爰集紳士暨
鄉耆輩募諸四境乃鳩工重修始於仲春竣於
孟夏不兩月而橋成更其名曰永定是役也雖
邑中父老子弟趨事維勤實我父師撫字有年
來愛情懇父師以百姓之事為事故邑民子來
拮据恐後百姓皆以父師之心為心是以河伯
效靈而功成之速也嗟乎昔也夏秋之交洪流

瀑漲隔岍相呼褰裳莫渡睹此水也有來者以
悲往者以戒踟躕不前逡巡欲返者矣今亦幸
我父師竭慮勞心庀材創建勢此垂虹步若行
空履斯橋也則有民歌於路旅頌于塗行人以
利風脤以培者矣雖然予嘗粤稽晉武帝時杜
預為橋孟津帝舉觴屬預曰非君此橋不成至
若以數年難就之功而奏效於兩月非父師其
孰能之耶今
聖天子加惠元元恩詔下逮海宇乂安率由王道我
父師上体

朝廷爱民盛德為滇中良吏最
各上憲以卓異薦之當宁異日課績其治行當不
在孟津之下矣是我
父師之澤不亦與水俱長興橋俱高也哉
囯子倉玉潤橋募薄序　生員萬國安
定陽古髳州也其南數里龍川疊繞甃石為梁
通興達道上為大橋下則利濟也其中廬宿委
積存焉新店房也其左踰領里餘村落山麓囯
子倉屯也斯千秩秩駕木其上玉潤橋也玉潤
橋在髳州未故時糴糶轉輸之所必經也髳州

治設呂交城新店房為南寧縣南寧倉儲悉建于囿子倉橋曰玉潤河海潤千潤百粟粒珠玉之意也明初降州為縣改名定遠移呂交城之城郭于今治裁南寧以入版圖于是倉屯非積貯所在矣然斯橋實興利濟大橋為昏蠱今俗均以倉橋名之具亦不忘古意歟且沿山諸村牽車服賈懋迁有無舍此橋無他取道乃去歲為元寘掠刼一空上下村人咫尺河干若隔千里倉屯李君尚義糾集衆姓為修建舉曰是何可視若㝢州南寧有其廢之也而志奢為歎不

得不公諸人而募化隨力助予共成長虹均爲
倉橋同垂不朽慎勿曰鬃州南寧有其廢之莫
敢舉也

修大石橋募簿序　副榜萬聽

邑城北烏鴉閘河下流截通三姚孔道趨龍江
康熙間邑侯張公建石橋以通往來蓋舟楫必
經之地非但爲行人稱便也迄今七十餘載門
軌兩馬固宜禹梁之追蠡也斯地責成屬白塔
村余爲村人多年處館北界溯游洄究烏鴉之
舊址覩橋石之磨礴未嘗不歎壩閘之名空存

滇者而懼石梁來茲興塡閘將無同此亦莫須有之事也邑侯鍾公本夏令出政捐緡九千餘付村中頭人俾爲葺補始基村人因置募簿問序於余余之謂是役也承邑侯之美意而克廣德以永終是圖葢勛挽運有通無滯不但行人稱便將

國聽民食實嘉賴之其共襄耕助終畝之意乎

大江坡修建方橋小引

癸酉拔貢任雲南縣教諭唐紹文

龍川江自西北縈洄而來歷髳州東南六十里

而至石門石門者禹門也相傳禹治水時鑿山
而通各道然其說不可考今年春余以義塾來
館是鄉因至其處觀厥形勝兩山劈立巉岩絶
壁勢若將垂泉從乱石間澎湃汹湧而去每令
人心悸膽慄而不敢久留竊以為假少造物之
奇必欲疏瀹之而濬導之斷非神人不為功其
地附近琅溪居民往往負薪供煎而往來鹽運
亦常出入其旁每值夏秋之際積雨連天渠水
漲泛而此川尤甚蓋當東南之水會則其勢大
值幽峻之險谷則其地危至止者鮮不望洋而

嘆也舊有梁橋世代莫考遺址尚存而其順流
而東者不知幾何年矣
聖天子建置義學文教覃敷雖窮陬僻壤沐浴涵濡
於禮陶樂淑中者深矣定處邊極亦甲濯磨而
官斯土者又能勤宣德意平政和人於是家皆
砥礪人懷善以期勉於從忠華薄敦仁讓之
休將有以興百廢張四維豈值橋之云爾哉鄉
中父老聚而謀曰此橋不修民已病涉且以棄
前烈也無以詒後人也即今輿梁之未能而奈
何徒杠之久不為此也顧鳩工庀材非一手一

足之烈所望同志君子樂為輸助畢其告竣將來而遊斯地者不忻歌苦葉乎未始不拱手而拜諸君之賜也且未始不羡化日之舒長吾輩得從容閒暇而相與以有成也況由此更新之輿梁一成將與禹功並埀不朽後有作者拭目俟之矣余嘉諸父老之好善而樂興之振其始也是為引

重修光法寺武侯橋碑記

副榜　萬　聽

橋以駕溪利涉也風行水上煥乎文章然而險

矣無橋以濟則於涉也占曰不利大易之言利涉也必坎而有震巽與乾之象焉震得乾畫於初坎得乾畫於中巽得乾畫於二三皆所象於乾也震巽為木坎為水乾剛健中正純粹精也木浮水上剛健中正故利涉也乾與震說卦為龍龍文明而武備者也春分出淵秋分入淵水物而出於水以濟人者也易曰或躍在淵无咎商為說周為旦蜀漢為武侯書曰若濟巨川用作舟楫癸卯師渡孟津詩曰造舟為梁不顯其光出師表亦曰五月渡瀘惟有橋而後師渡而

光顯也邑城西北十餘里名曰光法寺為武侯駐師處前里餘有溪焉昔人橋之曰武侯橋南征跡也武侯者蜀漢之説興旦也故其號曰卧龍龍反其淵安其壤土所以為利涉者當有舉莫廢也有邑人習位因首倡捐助力董其事衆亦樂輸庀材鳩工經維始于辛巳之冬共費金五十有餘而人不以為多用力凡二百有餘工而人不以為勞今得書曰壬午年三月二十七日武侯橋成習位力也重至艱以圖其易予亦深幸前賢之跡得以終於不泯爰將樂輸姓名

及所輸錢米銀工數目臚於左以告來者

關帝行宫碑記　知縣楊文光

髳陽環列皆山而惟南之會基爲最岡巒透迤岩嶂重疊石礓起伏横截天表其陰向邑之南其陽面府之北相去各五十里中峙此山爲邑南之大關府北之鎖鑰特設汎防因山爲號以保護往來稽查行旅阸要之區道也其上舊建有

關帝行宫意以仗神之威鎮兹險隘且長途百里度越維艱前後並無駐足之境惟此差堪小憩

余以己卯歲奉
天子命來涖是邑諸府經此觀其矗矗凌霄亭亭依斗群峰攢翠萬嶺敷青不覺心曠神怡渺然無際迴視祠宮規模卑隘且風烟歲古霜露年侵棟傾楹塌垣頹址缺遐心眷盼興怪改葺適始下車政務紛繁日不暇給越三載覺庶績就緒獄訟漸衰民氣稍舒比歲豐稔嗟我百姓迄可小康自顧藐躬何以邀斯貺於神哉方重一展昔誠用答靈貺適汛官閆公以興修來商於余頗愜素心更釐同志闔邑樂倡兩井共助以襄

厥事于辛巳之二月趣功於壬午之三月竟事梁柱參差未丹紛錯雄關增壯古塹添輝從此行旅往來可以慰祈寒可以避暑雨憩息之安郡邑同便功成遂請記於余乃援筆即而為之記

會基關傳舍記

知縣彭如璋

髳楚之界有山焉層巒聳翠上出重霄自巔以下南距楚治六十餘里北距髳治五十餘里適當其中為往來孔道名曰會基其以為兩縣交會之衝即抑以為行人聚會之所即前明為巡

檢司駐劄處
國朝汰之設塘兵專邏守置鋪役司郵遞峻嶺中
剖壘石為門有若關然舊制相沿或有説而不
征之意亦未可知也余乙丑秋來宰斯土春省
耕秋省斂詣郡伯數數過之登高遠矚一望燎
然擧輿楚之雉堞皆在目中而且樓林陰翳清
泉芳冽熙熙穰穰往咸止而休焉渴而飲焉致足
樂也惟是上下前後懸碑數十里𨚫落闃如風
雨晦明猝而相遭則行旅咨嗟棲息無所又在
所不免矣禮有之國野之道十里有盧三十里

有宿五十里有市古之惠旅人而計深遠矣誰
為為之是有司之責也敢不勉乎爰就觀音堂
舊基左右增房六楹不曰公館不曰旅宿第以
傳舍名官得而止之民得而止之生童之應試
者得而止之兵卒之赴椽差役之趨公者皆得
而止之今而後皇華驛使將無楊柳雨雪之傷
矣羈旅劳人亦無道阻且長之慨矣雖然官亦
傳舍也余之宰於斯與置舍於斯直適逢其會
耳後之君子過其地寓目而會心有其基之幸
勿坯焉是則會基傳舍之意也夫因弁數言以

為之記

新建傳經寺募引疏　　傅宗龍

傅忠壯公諱宗龍號括蒼昆明人萬歷庚戌進士知巴縣行取浙江巡鹽御史巡按貴州征安酋有功晋太僕寺卿陞薊遼總督兵部侍郎轉户部以諫忤旨罷職崇禎戊寅起四川巡撫加兵部尚書又以言事下獄壬午總督陝西征流寇李自成屢破賊兵彼軍潰被執守義不屈死之謚忠壯

大地名山無非梵宇朝烟暮靄掩映林巒俱足

以留飛錫之高踪穩棲雲之清夢若夫神靈之境鬱為神光湧寶相於一輪煥琉璃之五色巖谷總成金界草木浥其餘輝自非上聖儼臨曷克臻此奇瑞哉吾滇鷄足山為迦葉佛道場與峩嵋瓦屋華銀雲霧三華五臺諸山並著聲於宇内僧俗竭誠朝禮者見光猶見佛也定遠縣左畨村有寺曰圓通相傳唐僧取經假途於此遺有曬經松掛衲洞亦勝刹也距寺十里許有大山曰白馬偶於崇禎九年六月二十六日放大神光先中現大小二獅子日方散觀者踴躍

歡耋知為文殊菩薩所化現也守備李性中及善士李希靖僧人壽牲者約眾開山創寺曰傳經嗣後先凡五放今年又三放遠近奔走争朝詫為盛事余聞而異之令壽性圖山來觀千岩競秀萬壑交流真靈境也其為文殊獅子座至止固宜夫自有天地便有此山而神光至今日始放亦猶佛教歷千百刼至漢明帝時乃入中國耳雞山之外又一雞山深足為吾滇增重傳經寺之建洵不可緩矣李性中等雖以結茅覆像而工程甚鉅不能不望於富者之施財貧者

之施力經歷張鎔具冊請余為募緣疏特書此以付之異日工成大士必攝余及施財施力者於一實先之內願以此疏為募

重修文殊寺募化引

知縣張宗義

事有在可已者有在所不可已者有廢而不必復興者有廢而不容不興者定於滇西不可蕞爾彈丸邑而地僻民淳饒有古風　國家承平日久重熙累洽文教覃敷長斯土者絃歌坐理而有餘若至聖臨選勝佞佛道場何暇屑屑為

然固亦有可惜者去城東七十里曰白馬山層
巒聳翠上出重霄蜿蜒迤邐綿里亘數十里巍
然擅定陽形勢之區厥巔舊有文殊寺土人謂
之獅子窩創建已多歷年所乃於某年某月遭
祝融之變凡前之崇臺層榭嘉木異石錯置皆
山水之奇者遂蕩焉泯焉而悉無有噫是可惜
也夫其數興抑亦初燃法炬大發祥輪之兆興
於是寺僧思爲重修之舉而奉募簿以丐余言
余惟夫既盛之後難爲繼也矧既燬之餘更難
爲興雖然有能興之何憂於廢今釋子某矢志

興復善哉善哉汝善重維我今當説微詮佛居
淨土不事爾堂構莊嚴之麗第念爾誠修因懺
孽於斯邑人士得聖高凴眺於斯山農野叟話
短詮長講孝弟説忠信於斯宰官使者宣播德
意駐巡旌懇勸課於斯則斯誠勝地也勝地難
逢勝事曷容已已余固不惜爲爾結願四方廣
勸之佐也異日者寵庆重然蔓草復鮮窮谷深
山咨遵蕩平之路居人遊士咸鼓太和之風則
宰斯土者不興有榮施乎若曰良吏宜民弟可
勸耕耘之業未宜興土木之工抑又覺所見者

小云爾

募修白馬山傳經寺疏

翰林院編修貴陽府知府劉榮黼

將使小頭陀托鉢於大檀越之門廣求布施則布施者十之一二張不信僧將請大檀越入靈山覩紺宇廣求布施則布施者十之三四曰不信佛夫佛不可信則信儒僧不可信則信賢者吾滇之有傳忠壯公也功名節烈載在明史者所謂儒而賢者也傳經寺剏建之始公實爲疏使僧持之以募布施其言曰富者施財貧者施

力嗟乎此仁人之用心與夫仁人者不吝財不惜力固也然不亦佞佛不闢佛不祖僧不薄僧何也天地之大何亦所不有並育不害並行不悖削髮披緇皆吾人顛連困苦而無告者仁人為天地立以為萬物立命豈為已甚之事哉况佛之入中國也洎漢迄今歷數千載矣其間佞者闢者祖者薄者何時蔑有而琳宮絳宇相望於道緇流法侶接踵於世雖屢廢屢興卒亦未嘗止熄則不佞佛可也不信佛不可不祖僧可也不信僧不可雖然亦有不可信者倡詭幻之

說欺罔凡愚失如來氏之宗旨破精淨之律巧取金錢忘瞿曇氏之面目此則欲信之而實有所不可若傳經寺僧素稱持戒焚修茲爲修廢計而募化布施則非不可信者況忠壯公之舊疏故在耶試持公之遺文與公之韓褉再聖檀越之門並請入靈山而矚目焉將有信之深者布地黃金頃刻滿矣果非信佛信僧實信忠壯公之疏爲得仁人之用心也至於祥光馬蹄之說則非余所欲言故不復及

安邊縣志　卷八

隆誤龍

定遠縣志卷之八

湞陽李德生培階氏
九龍水其沂霖峰氏　纂修

藝文下　詩

定邑四景

零水拖藍　越民表

一溪曲曲界平田兩岸人家似輞川試向南山高
處望渾如疋練掛城邊

會山列翠　王廷爵

巒峯突兀會基巔烟壓蒼松四野旋長夜月明成

眺望宛如月在五雲邊

龍泉靈應　王廷爵

龍泉湧出碧琳瑯普濟郊原萬畝荒寒潭倒映青天
月疑是芹池吐夜光

羊井奇蹤　王廷爵

萬畝平田一色秋清泓沸沸湧甘流當年蘇老今
何在遺下仙羊久不收

諸葛營　陳時雨

路入鬱州竟日程孔明南征此地營山川不盡鍾
雲氣宇宙依然仰大名八陣蹤橫龍虎踞三軍奕

化鬼神驚世無徐庶誰知己極目斜陽定遠城

諸葛白石泉　陳時雨

南陽高卧憶當年三代遺才孰比肩仗劍一身辭蜀主驅兵五月渡瀘川氣凌碧漢風雲合光動朱旗日月懸想像英雄閒吊古坐臨白石飲清泉

雲龍山　陳時雨

卧龍飛去幾時還尚有遺蹤紫翠間二表獨扶劉社稷三分恨割漢江山澗松傲雪忠臣氣岩柏凌霜烈士顏長嘯一聲空萬壑英風彷彿振

南蠻

温泉　　駱問禮

流水江山側，華清質自全。玉壺熙兎窕，金鼎溢龍涎。十里蒸雲暖，三更帶月烟。朝宗知有日，温潤暫窮邊。

李賢者泉　　楊時元

混混源泉碧，樓垂瀉來山腹。似銀絲，夾蒸試爵寒生骨，清冽初嘗美勝飴。滿路探瓢喧午汲，沿塲沃釜待晨炊。荒臺落日空流水，不見昔賢柱杖歸。

會基山　卲敏

肩輿曉度會基山極險滇南第一關欲上雲頭訪仙侶三程未許片時閒

又題　駱問禮

幾度基山頂凭臨四望賒羊山殘卒哨雞黍野人家徑側荒村遠風高落日斜奔忙問何事羞覩道傍花

和何方伯詠　卲敏

險路羊腸百二迴此生許国去還來花經宿雨風前落日障浮雲晝復開桑柘故鄉惟托夢竹

梧館舍可搏杯遭逢聖主臻堯舜胥取兼收穖
線才

順生寺　越民表

山寺鍾鳴白晝幽忙身今羞得閑遊幾株老棧
葉初發一曲清溪水亂流未向老僧尋白馬且
看樵子跨青牛高談盡日忘歸去叅得維摩半
偈不

龍門寺　陳時雨

卜築高僧憶昔年層層臺閣似登天山形毓秀
珏金刹地脉鍾靈出寶泉上界一輪懸佛日下

方兩岸簇人烟閙看瀑布請懷壯彷彿匡廬李謫仙

觀音閣　李朝陽

一樽聊獨酌明月正中天林下真無事人間别有山凭空登鳥道傍險望龍川遠眺空秋色崖楓半倒懸

絶峰寺　李朝陽

誰飛錫杖絶峯巔乘興登臨疑上天閙汲石泉晡雨後静聽鉄馬午風前山花野鳥弄聲色翠竹蒼松臨几筵極目天涯春欲暮子規啼處最

堪憐

萬春寺　　蘇章

石磴層雲鎖巘蘿參差樓閣最嵯峨金池地接
山無礦蒼海泉通井有鹺虎吼晴光翻嶺棧龍
拖時雨响天河萬春山上臨高閣獨占滇南勝
概多

輓景烈婦　　来慶

伉儷誰偕百歲人行從地下結芳隣詩書抱恨
傳無子巾幗涿香葵有身豈曰糟糠都是幻如
斯骨肉始成真高原老枝多風雨連理何須嘯

夜燐

又

小星光爍月華時不及黃泉共誓之誰爲樹棺纔涕淚果然同穴即鬚眉秋深碧草開新塚水凈明珠合舊池我爲孝廉傳快事九原惟有妾相隨

漫成二律　　知縣田元凱

當年投効賦踈耕却掃衡門絶送迎善病久拚黃鵠想躭閒已訂白鷗盟衹堪抱膝容高卧無那驅事促遠征五載天南家萬里隴雲秦樓不

勝情
故園東望白雲閒遥憶高堂未改領烽火家書
何日到天涯遊子幾時還持籌計拙心徒耿報
國才疎鬓已斑但願太平無一事魚樵祗合老
青山

踈柳閣秋望迴文　知事田元凱

笳聲數拍竹窗幽物景傳懷感客愁花落趁堤
盈舞蛟水漲隨岸繞浮鷗斜陽夕嶂千層碧遠
浦晴天一色秋鴉亂噪槐庭院小霞烟蔽日滿
高樓

清畏樓春望

謾因遠謫怨蹉跎萬里滇雲天氣和臘半茶花紅錯錦春分麥秀綠翻波纏頭僰子都聽譜漆齒蠻兜羌罷戈更羨髻陽風景好四圍山色擁煙蘿

諸葛營　　袁乃澍

青編熒耀紀芳蹤漢祚如絲仗臥龍北伐幾時恢社稷南征先已靜烟烽碑投洪壑鯨波歇壁走飛沙劍影重聲震髻陽齊白化太平千禩籍崇墉

南山觀音寺

幽刹臨青嶂高樓聳翠微溪湾水繞帶雲起岫穿衣净土花當滿空林雨乍飛幸承楊柳露四野看春肥

昆明返旆

連雲負我玩秋光拾得涿雲入縹囊木落空堦風渢渢雨來遠岫氣茫茫三年飄泊人顦悴萬里烟沙霞路長關塞綺山惟鳥道暮笳一拍倍荒凉

明妃夢回漢宮

塞外風沙埋毳妝夢飄蘭殿轉淒涼由來紅粉綠多蹇敢怨嬌容畫不颺花柳重開前度色綺羅不改舊時香宮闈細話和親事雨露還將眄

上皇

諸葛營　張彥紳

武侯何處不天威遺蹟千年著遠陲林捲秋風傳叱吒山啣夜月見旌旗七擒猶念征蠻日二表曾懷報主時古有荒臺金幸在我來重拜漢

軍師

望子洞

當年望子人何在今日重登望子臺百尺洞深猶傍柳半岩石老自生苔南方已奏蠻皆定西蜀還看子未來滿目瘴煙千萬里止憑羽扇一揮開

瀑布泉

水流激雪下山嵎涿出山間水自殊掛壁斜飛滿地雨飄空細洒半天珠銀河高瀉林邊影素練嘗垂百畔圖小澗應知留不住定歸大海作紅潮

冷泉

冷泉

人云第一泉高在會基巔我飲會基各始知非妄傳寧無虎豹隱應有蛟龍眼山靜嘗涵有林空不掛煙歲寒亦湛湛時燠自淵淵任是千秋潤何嘗一日乾非關太昊畫不用耿恭穿嚴冽本來性澄清不計年

文峯塔

寶塔新遷聳邑東文峯特起此間雄天工全藉人工計山脉應與道脉隆勁筆依龍凌遠漢高標入巽鎖春風則看士起民還古不復當年景

況同

鎖水閣

高閣嵯峩𡍼落成為培風脉故經營水環玉帶

瀠洄鎖橋傍虹霓錦繡横望裏雲山鋪畫景空

中星斗煥文明從今定識𧰼陽邑蔚起翩翩列

俊英

並頭蓮蓮上蓮台詠

欲效前人手植花孰知獨幹發雙葩並頭並結

偕鴛偶重蘂重生賽錦霞漫説仙根分太乙止

傳靈種出西華看來此卉真奇特不讓當年茂

叔家

鴛鴦蓮

平分巧艷挺淪漪贏得美蕖第一姿彷彿楊家

雙姊妹酡顏嬌倚淡娥眉

紫薇連理枝

聖朝有道物多徵瓊枝含靈萬里興巧結新枝

誇並倚奇鍾一氣羨相承情偕比翼庭前麗名

在中書省内稱最是嬌花猶著早胭脂獨蕚欒

層層

遊白馬山

拾提多勝概遠步最高峯曲澗凝朝靄疎林度
晚鐘馬留石上跡經晒月前松何必謝公屐遊
山興倍濃

鎮西樓秋望

嘉穀滿田疇四郊一望收有山盡是景無樓不
皆秋紅葉霜前醉白雲天際浮公餘閒眺遠獨
上鎮西樓

宿羅漢林化佛山寺之一　楊魁先

萬山深處紺宫懸行屐真看任斗邊鉄鉢雲生
龍獨卧岩林風起虎初還聽來梵唄鎮諸妄會

得菩提玅四禪此夜僧房經一宿三生亦是舊

因緣

遊白馬山　　王天錫

奇峰萬疊迴崖峩傳說高僧自此過遺跡石留

飛白馬晒經松古伴青蘿年年慧日熏蘭若處

處慈雲蔭澗阿我到奎仙瞻拜後塵心滌却此

間多

諸葛營　　陳一敬

西辭蜀主向南征遠著威聲越嶲城一統未成

扶漢業七擒可見出師名渡瀘客去營空在築

壘人歸俥已卓才檣三分稱獨步至今猶目說
先生

和惺庵袁父母明妃夢回漢宮

征袍新換舊時妝重入長門秋正凉塞拍頓忘
聲寂寞漢宮疑見影飄颻玉樓月射琵琶靜金
殿風傳翡翠香夢裏不知身是幻遍尋侍女問
君王

遊化佛山

携酒閒遊化佛巔一盃獨坐聽泝泉醉來記起
無生話夜叩山門學問禪

遊白馬山

傳經人去復相繼有闍黎地勝青獅吼山高白馬嘶殘陽歸遠枝落葉滿深堤閒共老僧話笑將過虎谿

菊隱軒

人隱隱在山我隱隱在菊經栽二三菊叢培五六醉歌月一個醒吟風蕭屋笑傲此軒中何必問盤谷

咏菊

我愛寧惟菊無花不可看獨兹霜下傑相與共

盤桓

會基関　　　　　　　　　　　　　　舉人楊暾

南登絶頂峯不覺出塵表月色冷寒泉雲光浸
野鳥遲看一任通遍俯視羣山小沽酒醉茅簷醒
來天地曉

南山寺　　　　　　　　　　　　　　宋白濂

四山皆梵刹此地更清幽翠色千峯入波光一
派涿樓空風自入臺靜月嘗浮閒倚南窗聽絃
歌聲不休

春日山居　　　　　　　　　　　　廩生夏世典

會得山中趣閒扉意懶開碧桃花放後始覺是
春來
月夜觴菊　　徐亮臣
窓掛一輪月庭開三徑花坐吟猶未醉沽酒問
隣家
松濤月影　　楊翥
清秋多別趣夜靜景双幽翠浪枝頭湧素輝嶺
上浮影翻松葉乱濤送月光添觸處皆奇賞携
樽散步遊
瀑布泉　　陳蘊

千尺飛涿激嶺東奇觀開鑿目鴻濛光侵晴日
非関雨響徹曉天豈是風雪浪凌空疑舞鶴玉
痕映遠似垂虹分明半壁人間畫日夜煙蘿濕
影中

秋日晚眺　　李仲偉

高樓暮上醉秋風豪興欲吞天際虹野外砧聲
催落葉林間鷹影度疎桐烟凝遠岫山皆紫露
冷平川葉盡紅不學宋生空作賦咲吟詩句一
杯中

遊娑羅林　　馬國賢

忽到山深處高林隱毘卭遠溪餘夕照落葉見清秋幡影隨風動鍾聲出谷幽登臨無盡意欲去尚還留

戲文殊寺上人　　李人龍

興到豪時酒已無欲牽獅子下村沽有加不許老僧贖且換山中酒一壺

玩中秋月　　陳一鳳

可愛中秋夜光輝下廣寒一輪澄碧漢萬里覩冰盤嚴子卜方罷慶公興未闌舉杯邀素影清嘯倚欄干

留别诗并序　知縣彭如璋

夙願狂睬浪向名場奔走添光倏忽空成世路迍邅壬子赴部觀光乙外就滇委用量試三地㦈援一富覽輿鬱之提封山明水秀計漢夷之蕃庶俗僕風和華俊又於文壇踈群生於沃壤庖丁善劉經時窃學牛刀伯乐空衡積歲徒羞馬櫪憐與情之繾綣難消萬斛離愁對野色之蒼茫隱動五年情愫聊抒十韻用誌寸衷詩曰

學製頻年媿未工快居僻地見淳龐吹笙擊壤

遺風在負來橫經舊業同濯鶴夢遲千里月寒梅香繞一塀風陽關欲唱情何限珍重離亭酒盞紅

無端子戢莠閒荒鉄掃寢幃二十疆易地郎官翻仕版（初試和收暨永邑再署宜良迺授定遠）經時史冊乱巾箱鑄山煮井炊烟雜馬嶠雲窩晚氣凉觸景不堪調變累令人還憶舊時莊

暇日園亭共課文簿書堆裏有同羣相期志業賒千里肯把沆先錯半分松夜難將白髮攺仫期英使搗憂深關心易地春風迟敲擊南窓側

耳聞

長郊曲塢歲時親蕭寺丹花玩賞頻野外衣冠原樸儉風前笑語倍精神髩陽自昔能安土直道於今豈異民習久漫教分手速宰官舊是狎

風塵

一命榮膺晚受知曾何尺寸報明時溪山欲向古髩轉書卷旋從文斗移匝處角笳思舊社應期桃李望新枝臨行更致他年約莫作雲天久

別離

春風犁播動村村極目晴嵐絶遠痕別緒暗牽

官郭柳離情獨寄畫樓樽遥天燕語連山館越

地魚書隔塞門顧我有懷頻把臂好將往事再

三温

民物熙熙宛是冢箕風畢雨願同肴一官自分

心懸水百里隨緣手爇花祇望蒼黎歌乐利那

當豐碣炫聲華漸看黙靄寸膚合烟枝淋漓去

路遐

方城三里未千烟壓市人聲隔日傳官閣花陰

頻報鼓客憁燈火自安絃桃腮吐艷鳴鳩拂麥

浪摇青翠柳牽漫道成勞虛夙夢還賒後業繼

前緣

潦倒雲天南朔留髩陽忽忽五春秋花村是處
能安犬野路伊誰肯佩牛勾漏由来稱盛地鬱
林何處碍扁舟行囊去時無長物風月為情掛
兩頭

雄關四百繫南樞展卷曾深遠大圖多為浮名
虧本務彭敎浪跡憊残軀山川肺腑無言語消
長阬陽為信符廿載行遊頻挾策鳳巖邈矣溯
萊蕪

校執堂西值紫薇盛放口占四韻

彭如璋

西總擎縵爛瓣瓣分天花丹湊宮袍錦雲披霄漢霞薇郎擅秀色老幹籍榮華前訂蟾闊客卭須八月槎

次楚雄杜明府桃花韻　知縣王師泰

不言花下早成蹊灼灼枝頭萬蕊齊為認仙源姿極異那同凡卉委泥春

元都空自種千株此處夭夭色更殊催染臙脂匀玉靨東風點綴費工夫

村郭蓁蓁蔭實家威州不獨富桑麻春來紅艷

開如錦工部風流日品花

和太史楊升庵垂柳篇元韻

知縣王秉韜

碧水池塘雨歇時陽明天氣風輕吹御津眠起

融新色古道因依發美姿抑揚葱蒨傳譏甸激

盪韻光到郡縣一枝分得玉墀來幾度還邀金

殿見萬縷千条夷等曹流雲耀日羨雄豪海宇

蒼茫青入眼中州披拂綠明袍忽焉浮雲間盔

霧移時亭午乍昏暮雨露正思霞野寬妍媸爭

說入宮妬千山歷歷客中身萝里依依冬復春

竹栢交林同鬱翠李桃滿經迴起塵荒詒雖瞻
北闕遠高枝亭軟南縈晚況值河山麗景開燕
舞鶯駿馬坂 楊太史作只是目為寫照而處處乃垂柳之神定署向有刻石公餘
追和詩不能佳亦以自志半生境遇而已弟崔歷固請鐫于石后姑聽之乾隆辛卯中和月既
望含谿秉韜稿

升庵楊太史垂柳篇

靈和殿前艷陽時忘憂館裏光風吹千門萬户
旌旗色九陌三条雨露姿蒼涼落日籠燕甸縹
緲宮雲覆京縣芳樓重重歸院迷飄花點點臨
池見臨池歸院總仙曹應制分題競彩毫詒乘

西苐將軍馬詩東方學士袍金明綠暗柳煙霧
舊燕新鶯換朝暮只知眉黛為君顰肯信腰肢
有人妬從此沉淪萬里身可堪顛頓四經春支
離散木甘時葉攀折荒亭委路塵摇落秋風上
林遠婆娑生意年華晚腸斷関山明月樓一聲
横留清霜坂雍正九年歲在辛亥南呂月朔日 邑令蜀北楊登榮夫氏述石

出定遠城口占

知縣陞迤南道王篤慶

城市松聲裏東風趁緩行雲山皆不古竹樓恰
新晴野寺僧修會春田人餉耕梅知相贈好香

壓一肩橫

城東六景

山城烟柳　　　盐大使孫復

彭澤官清柳亦仙蘸堤風景尚依然晴牵畫閣一聲笛翠鎖山城十里烟駿馬嘶餘春寂寂涿鶯啼徹恨年年長条未許行人折留與虚窗补綠天

小橋夜月

柳楊堤邊風露幽杖藜閒步小橋頭蕭聲隱隱人殊遠月色溶溶水自涿素影高涵天似洗垂

虹倒映夜當秋空明一片神俱豁勝捲湘簾獨
倚樓

畫閣朝雲

山城月落子規歇南浦雲飛高閣開閒傍珠簾
春氣煦倦依畫棟曉風回縈空有態時舒卷迹
物無心任去來清磬一聲隨鶴翥紅欄重認舊
樓臺

西山暮雨

朦朧樓色隱禪關烟雨西來接暮山風滿一樓
簾不捲雲橫半壁鳥初還凭欄客在依稀處荷

笠僧辣查靄閒觸景重賡王勃句有詵才與子
安班
一鏡荷香
碧波照出曉妝新風韻天然絶点塵不染已沾
心上露有情且化鏡中人品高穠處看弥遠香
妙清時領最真羞與六郎爭姣貌自臨秋水証
前因
丰亭竹翠
丰庭翠竹一簾詩記得山僧分數枝紙帳寒聲
人未覺畫屏疎影鳥先知頗宜瀟灑談禅日最

愛清淳對酒時自別王郎無好句秋風竊竊寫想思

無住和尚驗道花　癸酉拔貢任雲南縣教諭唐絡文

無住初求道卓錫此山偎地僻絕人迹時見白雲來雲中有古佛隱見與徘徊從茲長精進銳意斬草萊結茅雲動壁開添石侵苔期證菩提果山茶信手栽彼雖枯朽木心堅自可培矢念無相負爲我發灵荄歲月日已積性定如寒灰虎豹不敢近霜雪莫能摧遂爾徵奇應新葩吐若栽忽聞鈸聲響心神遍八垓朗嘯遊吳越水

自去未回大覺長寂寂此樓獨不頽至今池水上年年花自開

感農

理我霜中鐮穫我西田稲非不知其碩無如旱則槁勤動已及秋難遂食力拕耕也餒在中君子嘗謀道

諸葛營懷古

漢相留遺蹟邉城遡舊營中原業未定後路梗先清五月瀘江順七擒越嶲平集旗横日色蛙鼓靜宵聲玉壘平沙暗金鈴皓月明山川疑列

戟草木且如兵圯去他年淚南來此日情天心
終祚漢垂手帝基成

奉和王邑尊定署八景詩元韻

仿西晚香

仿西亭已古卓立俯方塘池水長年碧花晚更香凴欄複何限清風獨不忘共坐南薰裏湖光未減杭

荷堂清詠

政簡亦無事臨軒日賞荷栽培根已茂双開肇瑞多中通能外直實足富吟哦捧讀濂溪唱心

神與俱和

東樓問月

閒坐東樓上移宮影入輝如何當此際能令夢

憲徹盈虛摠任天圓缺隨如月保得此心空平

生厥步闕

小渚蕩舟

半畝蕖塘好永日試輕舟鼓棹荷花裏香色兩

清幽縱非湖海勢水天交映涿欣茲閒霽候還

思秉燭遊

慕竹風清

瞻彼菉竹亭何殊淇泉竹猗猗水署中有斐宛
在目耄期不倦人英年欲學已篤君子類心虛
殷勤兮同勗

直方日暖

直方原敬義內外乃无孤以兹穎書屋太虛真
在吾陽和回大地四野樂躍踰悠然此中坐天
心已遍敷

牆頭古杏

杏枝出牆頭日照下墻影空翠落庭階畫工難
布景春色醉玉樓紅鬧十里迴況兹滿縣酋寧

復人間境

池畔垂楊

垂楊夾池岸映水共依依披襟徐步此不覺有

奕威拂浪魚鷺釣禽棲得所群物我機偕暢東

山更送暉

寄和蓀林鍾公遊禄陽月影庵元韻

清光澹薜蘿兀坐有頭陀客扳文星聚山留玉

帶多竹泉添逸興松雨洒天和遥想虎谿餘笑

音振駁娑

宿月影庵題壁

周迴青嶂合遥鎮白雲冢水印富空月岩栖太古霞穩身松隱鶴仰面鳥窺花最可發深省鍾聲響露華

香海庵

衆妙香證海参機却在山樓高天欲近枝盈鳥知還落葉迷行徑幽谿遶曲灣四圍峯簇簇中於老僧閒

贈雪梅庵載然上人

雪窟藏遺叟世人未識真野孤無可着水鶴正相親性定松依石心空月滿輪深山逢太古宛

對葛天明民

贈竹林寺越文上人

竹林之山藏岩谷林中蘭若依岩築中有老僧號越文心若寒灰形槁木虎卯譚湟石頭點靜影説經鷲足伏聞法時拈布毛吹印心乪知梅子熟只今寂坐五十年年如此度寒燠如笑行雲有去來不似竹林丰間屋

天生碑

黑水惟梁華陽道斥滷鹹泉稱國寶烟溪更居九井先厥盬不讓青州好闢開混沌自何年兩

山岌嶪中涿浩或言禹跡所黽經明德與天齊
壽考道元撰碑人姓李中書省參政元真覺寺名蘭禪寺直使
萬春山名長天老神功赫赫摩蒼崖龍蛇飛動動
森林表元提擧完者禿書丹世僞三朝字未消攀藤覓徑
時堪討風復娍磨由天造周宣石鼓已無聲中
郎石經同麗藻秦漢豊隆贔屭高只今一望迷
芳草惟有此碑亘山河照臨日月光皓皓
夏日登福城寺後閣倚窗晚眺
層樓翠擁接空濛獨踞虛窗四望通遠枝含烟
翻雨綠孤村返照入雲紅蒼茫城郭圍山色杳

渺天台起梵鐘極目斜陽江嶺外遥峰盡處一

行鴻

題羅漢林

疊嶂層岩綠枝陰煙霞深處見雲林修成丈實

真猶斗絶妙莊嚴舊是金潭底不能能説偈枝

頭鳥語解歌音玉屏山上藏心印一任天人萬

古尋

遊砥柱山山在石門之上距邑城三十里横欄水道極為奇險土人呼寨子山今改名砥柱云

大江飛渡一峯横萬疊層巒起伏迎踞豹不辭

千仞濶登虬惟覺一身輕舉頭帝座通呼吸極
目村烟布滿盈地鎖擘州名砥柱春山都作晚
潮聲

香海庵咏梅

丙戌優貢任福
建莆田縣知縣王　鎬

聞説州香國妙香何處得横斜兩三枝空山自
春色

竹林寺

九日竹林寺登臨興不穹松聲彈古調菊色老
秋風去雁長天外歸雅夕照中陶然亭萬里雲

枝望濵濛

宿芭蕉庵

不躭山水癖肯向蕋珠遊峭壁綠天護暗泉深

洞泳日斜鴉影亂烟冷磬聲一夜清無夢蕭蕭

萬壑秋

清寧庵白梅

寺古霜清處香生幾點梅乍疑逢萼綠相對坐

瑶台竹外斜偏好隴頭寄未來小奚亦解事肩

壓一枝囬

威楚吟

威楚東山鳥臆白威楚西山鳳眼碧覽揮欲下
羽翩翩迓哺恍聞聲啞啞卓哉雁塔出塵埃天
馬環龍亘南北俯瞰述離烟枝中闌闠城樓紛
羅列況復大川漲瀠緩長虹飛鎊陣沙磧挹洼
千畦與萬畦赴江入海功詎測老夫髦矣賦駷
來扶杖登臨邇所適波光不競雲影遲浩浩乾
坤無終極

漢宮秋　　　　拔貢王春融

種分吳楚大江頭羅薆雲霞五色浮是葉是花
稱第一霜清露凈漢宮秋

清寧菴

青山遠近白雲深一徑溪風度竹林空際忽聞啼好鳥無文字處見祥心

題白馬山古蹟

曬經松　貢生唐毓英

曬經千載事露靄尚凝松結体高於膝蟠根勢若虯枝枝藏道性葉葉表禪容滿地花無盡尤堪佐佛供

白馬跡

白馬馱經日依稀首向東深巖留古跡石磴想

英風歷險知神健行空仰勢雄大乘今廣布能不頌茲功

鉄杖

鉄杖来天竺扶僧到此間祇園行易遍葱嶺陟忘艱伏逆休言勇成針不願磨倘知能繞指更可闢禪關

鉄鞋

擕蘆飛渡後隻履尚留存舉足皆為法絶塵孰與奔倒拖疑滑路蹈破更無言行到無巴鼻尤須定脚跟

读书镇水阁

王子科举人现任弥勒县教谕 唐昌锡

融融淑气蔼禅扉，意旷神怡坐翠微。逝水流将今古去，韶光惜得寸分疑。小窗读罢寻僧语，幽径吟成向竹挥。閒步桥头东在月，上柳烟一望正辉辉。

砥柱山

珽水皆山拱一峯，巍然独踞乱流衝。傅呼寨子嫌名俗，砥柱从知造化锺。

题目在林

自在由來自在人胡為人每失其真只今初入雲林地遂覺無非自在身

贈錦心上人

不白塵寰覓別裁深林獨自坐莓苔春來萬壑花如錦都是心頭次第開

倚門　庚午舉人任易門縣教諭張炳翼

倚門遠眺路痕深指點山光上一岑影斷夕陽疎枝裏烏鴉不見返疎林

甲戌元宵節立春

日望東皇早慶恩如雲彩仗擁閶門森森桃李

春成市處處筐黄酒滿罇三五星光輝月窟入
千椿譙醉花邨兒童㚒迓天官至又扱今宵是
上元
讀太白還山諰故巢句有作己已還家
燕燕南飛覓故巢短唫長詠自堪嘲雲連疎雨
遮山霧枝隔斜陽諰竹茅落蕭亦嫌驚句少開
編嘗與古人交十年京洛遍來晚瑟劍於今却
未抛
秋夜懷人
秋色凉如水秋心兩地同雲波鄉夢裏歲月客

愁中山骨銷逾碧霞光細是紅故人稀尺素目
斷盼歸鴻
寂寞富樓月淒涼遠寺鍾香銷煙半冷茶熟味
初濃詩筆經秋老閒身涉世慵一樽空對菊開
口笑難逢
九日闔少府觀音寺抬同黄明府飲用杜工
部藍田韻　　　　　　　　教諭楊先岸
獅峯俯瞰一城寬九日登臨續古歡狂笑鍾山
風落帽雅思彭澤菊簪冠近軒叢枝籠烟靜遠
岫層雲帶雨寒好是仙丞饒逸興歸途斜月醉

中看

中秋遇雨　附貢王元瀚

平分秋色夜雨隆意如何紅冷蕉窗燭綠迷菊徑蘿乍逢雲黙輟終見露消磨一洗塵氛凈溶溶皓月多

定邑四景

會山列翠　知縣趙秉清

天然圖畫聳層峦絕頂登臨放眼寬回首過來山下路此身已在碧雲端

春靄秋霞疊嶂巃朝凝暮捲識山翁秖留泉澗

松風韻未許丹青倩籥工

零水拖藍　　駐防丁占魁

一泓零水漾龍谿夾岸垂楊翠靄紙遠近山光
摇不定長拖籃影過橋西
桃花春浪趁風翻坐把漁竿月一痕遥指牧童
前渡去叔聲短笛過芳村

龍泉靈應　　貢生李青献

何年仙客御禮龍犹見龍涎吐碧峯涿出清溪
歸綠野土膏分潤慰三農

馨香默祝秉真誠好雨知時響應聲一片揷秧
歌斷讀綠蓑青笠倚雲耕

羊井奇蹤　　貢生朱煜和

平岡古井草萋萋怪石奇形矗可稽三百群中
應錯認獨依松葉卧沙堤
誰將移伴紫泥津可是初平叱化真清液不教
臨渴飲象峰同紀萬年春

會山列翠　　教諭羅桂林

何年金母會仙臺張乐設幔倚天庭珠簾玉案
生光熒百寶琢蘇極瓏玲天風琅然撼靈櫺吹

壇瓊宮雲母屏陡落南徼暫寄停峭立至今千
萬齡單椒神秀目殊形斧鑿不須勞五丁廻薄
日月亘蒼冥吞吐靈霞蔚紫青春煙淡靄秋雨
濵層空彷彿馳雲軿來翔青鳥排健翮凌霊玉
女步跉躋雲旗廻風倏飄零漫山草棲留餘馨
我昔策馬出郊垧奐挹翠巘氣清冷尚欲傚古
步酈亭援筆朴注入水經

零水拖藍

水於世間無定形流為江河滀為海大盈萬頃
小一渠一渠具有真趣在中源瑩澈岸陂陀虚

空萬象凝澄波天鏡高涵雲物動山城倒映樓
閣多迴風疊約韡紋瓷碧瑠璃光瀲皎日嫩烟
朝捲鬱爲藍餘霞晚烘翻作赤变眩直墮四時
更漾洄纔正數畝盈靜含群動不凝滯還躰本
体証虛明乃知至清無塵滓清虛能涵萬変理
安得洗濯方寸心徹底空明如此水

龍泉靈應

目予五載居石鼓每厪蕽恤事祈雨先時後時
屢愆期禱遍靈壇曾何补私怪龍公祗癡眠悉
敎原野盡赤土去年偶一到㬥陽連歲六穀穠

風雨和甘應念至百里人家饜稲粱比疆彼界
咫尺地雨暘不同豐歉異將疑彼蒼或有私爰
就邑人詢此意邑人致辭語同然城北山麓有
龍泉龍素神靈通感應呼吸甞不隔重淵歲或
旱乾時一禱頃刻水立雲垂天因歎斯龍誠靈
爽因惜斯龍施未廣喁喁闠澤滿寰區霑溉胡
為止一隅願溥霖雨及遠邇不分畛域遍涵濡

羊井奇蹤

我聞秦祖龍鞭石趍溟浦又聞李將軍射石没
箭羽至頑如石渺無知時復能行時幻虎奇跡

錯出涿入間詭異不獨傳於古髫陽山側行經
荒山坳起伏聚群羊歌眠側立愕顧或頰抵觸
頭角張野烟暑歷春草淺映帶夕陽形偃蹇渴
來飲漱足清泉脈脈堅心誓不轉初平已入金
華仙無復叱吒骨着鞭儘教偃仰寒涿側骨青
髓綠歷多年

會山列翠　舉人唐毓俊

髫陽山色會基明春靄秋霞碧玉城解學岡陵
同献頌從來拱北向神京

零水拖藍

天生癸水濟蒸黎甬灌平原遠近隄派盡桃酋

三月浪波先凝碧繞城西

羊井奇蹤

牛渚鵞湖志悉傳斯羊叱石目何年臨溪倘落

涪翁筆不讓蝦蟆第四泉

會基關冷泉

太華峯巔玉井蓮昌黎曾歌藕如船壺領滋穴

湧神瀵御冠能嘗醪醴鮮希聞異記供耳食味

腴口角空流涎我邑險峻會基關往來行人相

登攀山椒噴溢漾冷泉終古在山清且漣皆窳

𣍊憒苦焦煎渴汲一勺滋心田齒牙舌本生栗烈肺腑炎天沁氷雪封人消受甆甑甓誰調竹符解酷熱

東山寺七星井名珍珠泉

東山澗穽篠好水生清冷珠光淨連絡魁杓寒七星盈盈異瀾汋碧影增瓏玲時時掇春茗賺筌携以瓶蠏眼三五沸兩腋來芳馨品泉論次第欲剞陸羽經

猛岡河温泉

造物亦好奇端倪不可眤水冷氷目寒云胡火

復濟試問黍龍氏大龍幾昆弟一居吾邑東向

伊攷世系

開征　知縣李德生

滇地供惟正漕河例不加（内地漕米河工各有加價名色地此無之）

取於民有制誰謂汝無家黃滯千畦穗紅栽一

縣知公餘無別事飼鶴舊生涯

任蓮城寺

課罷農田日已曛鐘聲遥度半山雲老僧何事

驚官様我作勞人合羨君

由蓮城寺回縣

豐年隨處聽田歌一畝争收一石多唱到長官

清似水蓮生双瑞舊思波署内有蓮生双瑞碑

康熙四十一年立

午日賞農

寒烟連枝子規啼四野争趨雨一犁人向忙中

過令節我乘霽後踏新泥榴花結艷輝紅陌菖

葉分光映綠畦猶恨此行忘載後慰伊力作遍

抬携

水閣閒眺　　李昂

高閣臨池畔幽閒得氣先四圍花漬露一瞥水

生煙南浦三春景西湖六月天慶襟知滌盡俗
吏亦神仙

其二

是誰來此閣閣與水爭妍夾岸皆垂柳當門遍
種蓮風光添細細月影寫娟娟一鑑方塘裏居
然小弓天閣在署之東南隅道光甲午予隨詩家君於孽陽任所定省之餘讀書閣中心神曠怡因成此二則以誌其景不敢言詩也自記

鎮水閣古梅　教諭水其沂

孤根拳曲謳荒庭旁擁修枝作盖形一度春風
推獨步百年禪味已曾經殘英落處苔横徑度

影斜時月上櫺山閣有花供小飲不須沽酒問

旗亭

文廟古柏

自古稱故國喬木蔭森然矧茲

先聖宫廟祀千萬年宫牆已為世瞻仰枝木宜與

時綿延定邑建學始明代此枝應亦相後先

邇來儲材看接踵當年種枝犹比肩結屈靈

根同踞地青蒼黛色欲參天丹盈碧凪交輝

映龍文虬幹相鈎連我聞木中柏最壽抱質

有如金石堅貞固直隨廟貌永荣華不與時

會遷松遺秦帝號棠思召公賢仁暴雖異用
變世猶沵傳聖道光昭無終極百靈呵護俾
完全不然卯壓豈必少魄材自榮自枯熟問
焉

平成閘　拔貢李慶元

百川力障信豪哉鑿險通泉亦見才因念平天
成地日何嘗溝洫不疏來
流泉分後等潢汙涓滴何堪萬畝蘇曾向養生
知枝稼功雖一溉總勝無

培階李公宰髯陽採訪節孝屬予彙訂請

旌載入邑乘詩以紀之

安徽巢縣廪貢湯　誥

龍飛道光一十有四年李公作宰人稱賢立政必從名教始採風性以懿行先尋原探本莫如孝孝不能名徽節操𢀖爾多士勤搜羅人之秉彝同所好貞風令德本來布陋巷空簷無弗到此例煌煌

聖治宣百年此地無聞焉一旦彙征同入

告九淵之下升於天憶昔遊蹤寄淯水結納於公即以此公時採訪在家鄉我操不律銜

齋裡互相參攷得其詳互相扶擇求其是七
十八人荷
旌揚炳烺烺星日紀人皆嘖嘖齒生香我亦沾
沾心目耋今來髯陽佐公治又復命我司其
事恐負闡揚一片心一行一節從頭紀手疏
一百三十有四人人人面目還其真或為杞
梁之無後或為黔婁之奇貧或為畫荻以教
子或為結廬以養親或書諷父之三章或剪
盟心之一字惟期無美之彰庶幾衆善之悉
備書之彤管以揚休刊於黎棗而入志幽光

潛德一時新孤嫠貞魂都示慰而我擲筆心
轉得得姊與女今命不揚姊年十九殉夫死
女年十八稱未亡豈惟綽楔榮褒錫亦叨邑
乘載周詳以若所為今遇此能毋棖觸而傍
徨吁嗟乎正氣巖巖在宇宙人之所秉天之
授天授原非人力為人力維持天亦壽不然
荒烟蔓草間長夜悠悠誰卜晝安得當事盡
如公我願執筆從其後
培階李父臺寗鄉陽採訪節孝彙訂請
旌並載入邑志時秉筆為言泉湯老先生有侍

以紀之因步其韻　　教諭羅桂林

明府服官未逾年宏奬人材褒德賢謂欲揚
清勵爾後莫如彰善表厥先日進諸生程廉
孝旁及閨門徵節操性恐離行或湮淪博採
群言証攸好亦有見聞輒拳拳口誦筆書悉
意懇到公之雅意既昭宣邑人爭相奔走焉
遂令賚志沒地者淹久一朝覩光天莫壽於
山長於水勁節昭昭恒若此竊怪前人之闡
揚人埋蘭香幽如裏女有士行淑且貞教化
涵濡才如是若令節概泯無傳後人采風何

從紀斯舉豈獨門閭光將使存没共欣耄耋

今

聖朝敦

至治搜賢采逸徽軼事通都有美不勝收僻壤亦

堪入

奏記如此一百三十有四人操勵冰雪各全真

清年失志迄白首艱辛歷盡甘清貧下延宗

祀撫孤子上侍庭幃養慈親當時苦節貞百

年此日榮褒邀一字標題名目翰墨香靦列

行實始末備直將上請達

天闇且示永垂入邑志光遠有耀式鄉邦杯土重泉
魂已慰事雖創舉亦何得幽光潛德久必揚况
有中州例可據何須壓案究何存亡力白大憲
破成格申明不厭語周詳並告邑中諸人士共
襄厥事勿徬徨吁嗟茫茫此世宙恒性生民原
同授伊誰文法復示傳碌碌者淹貞者壽尚賴
紀事纂言人闡發光如畫紀纂不足復長言形
為詩歌繼其後

甲申歲文明塔落成詩以志之

知縣謝体仁

髳州本彈丸山水鍾靈秀（定遠古名髳州背山面水頗極靈秀）余來宰斯土（余以壬午榜後分發到滇癸未復攝篆此邑）巡察適更漏寒士誦讀聲一一出圭竇（嘗於冬月二更後出署巡查滿城皆誦讀聲）書院號文龍延師樂授受（時延癸酉選拔李子餘先生講席）時為增膏火琢磨多造就鼓舞達四境詞壇欲改舊特建文明塔東南映列宿（學博歐春台先生為作記）鳩工方落成蘋蘩陳籩豆恰值文星來藝苑稱領袖（時太守宋芷湾先生以查井過境）入境多士迎婉言詢文圃（先生詢吏治外亟問士習欣然者久之）未學得模楷悉心芳潤漱（時取閱諸生課作親為指正）余亦樂難支肅肅稱良覿（先生

顧謂吾輩皆讀書人宜畧去俗人文運佇蔚興琳瑯叅錦繡努力願諸生追隨洗孤陋化年看枝幟文明垂宇宙

余留省垣定邑諸生多肄業書院中時來晤譚恋戀有故人之意　知縣史褒

逢門却埽徑成荒頻喜彭宣到後堂老我傳依盍沆瀣諸生根國有文章逢人漫笑羊公鶴感舊休言名伯棠忽憶使君身是客一時齊下淚沾裳未用書句古有此法

感懷

宦海風濤示奈何一回緖歎一回歌事皆前定渾難料我本無心豈有他萬計不如歸去好半生留取後來過長春宮畔春長在敝邑在古攜長春宮酒年年踏綠落

其二

羅雀今同罷相門昔年親友半無存南山隱霧看文豹北海搏風識化鯤日裏飛鷗應有待眼前成敗且休論相將扶我青雲上蘭譜由來好弟昆

東歸有日詩以紀興

安徽巢縣廩貢湯誥

昔年不到中華外都説奇山走入穹邊界乃今來滇覩奇山山亦平平無足怪其高不過抵青天我曾躡足踞其巔其遠動輒云萬里屈指才得五六千老鷹崖點蒼山東西峙雄關錦川江滄洱海南北趿襟帶就中滇水色山腹漢朝空把樓船習一自諸葛啟南征始嘆天人不可及唐室雖云亦詔開元裝白馬負經來祇得傳佛教涿中國未見王風遍八埏爾時蒙段在西極

雄長諸蠻爭一席封據添傳七百年直是洪荒
還未闢洎乎元將賽典赤有明相繼通黔蜀猶
嫌聲教未涵濡制藝聊為定科目我
朝文治日光華天下車書共一家理學名臣先後
起豈惟詞翰而已矣吁嗟乎長拋白髮三千丈
徧覽名山七十秋此行不負平生志又作西南
第一遊兩脚踏開五華雲毋使眼底隔紅睡一
口吸盡昆明水渴病全消豪興起無如筆退花
殘年衰氣沮搔首蒼穹捫心呼負負不讀萬卷
書空行萬里路惹得山靈笑不休秋風匹馬還

東走

諸葛營賦　教諭羅桂林

亂峯合沓兮碕石嵯峨溪澌洄曲兮林木婆娑山連越嶲江導牂牁髳仍周舊年衍唐訛百年來烟生爨落瘴飲岩阿虺蛇潛伏樵漁歡歌誰復憶千秋軼事武侯龟伏節而經過倚崖岡而豎堅壁蔭茂枝以偃雕戈屹然遺壘至今未磨想夫炎運將移群雄競起中原鹿馳四夷狼視伊隆準之帝孫奮潛鮮於閭里求良弼以濟時艱若涸魚之得活水初劃壤於南荆旋奠都於

西鄙水陸富饒江山表裏雄國既基帝業伊始
勢雖角欹形猶鼎峙盖將黄并於靡涯夫豈晏
安而處此何物蠻類恃險負嵎率其羣醜蕩我
邊隅如瘡在背如痛切膚當南方肆其蠢動即
中土未可長驅爰整師旅爰誓卒徒臨霜礪劍
對月彎弧芟荒夷險拉朽摧枯雜蠻烟而列陣
冒瘴雨以渡瀘搴旗於苞蒲之野秣馬於摩莫
之區單聲振赫渠帥奔趋猖狂首霥狼狽就俘
武侯乃歛兵容宣漢德歸元凶釋群賊謂道在
攻心豈計存角力既再縱而再擒亦旋亡而旋

得蓋轉戰者知日屈技窮斯收威者心銘骨刻
雖夷性之多頑咸震於天威之莫測於時三軍
赴敵千里嬴糧崢嶸瘴嶺迫遮夷方蚖行越谷
魚貫度梁雖王師素稱節制而戎馬淹久遐荒
何髣人之悃欵詣幕府而輸將擔蕎負菽荷酒
牽羊轅門鞠膝馬首趨蹌彼氓獠之束縞荨士
女之壺漿知御恩而自至實髹義之首倡惟天
罰之恭行茀殄殲乎負固蕩苴咩之昏壓滌江
之腥霧戈揮而叱屋不驚檄下而誠心悉布戟
矛雖挨以風霆稍犒賚兼乎雨露俟有愿施人

胥乐附底定蛮方廓清天步鎸石鏤碑劃疆封
枝迺振凱歌言歸復路迄兮睹風雲之慘淡眄
溪谷之幽潛山鳴壑嘯枝振泉沾飛鳶迴翼奔
獸駭瞻犹然如見鼓鼙之振厲戈甲之森嚴况
夫魚腹浦猶留陣磧定軍山亦駐帷幨疊彰神
異聿著赫炎使人心切就言服意絕覬覦夫豈
徒蚘蠡之避匿與蛙黽之伏恬於鑠哉侯之忠
兮恢漢宇侯之仁兮奠南土匪侯戡乱兮路横
豺虎匪侯掃氛兮野飛蜮蠱侯兮侯兮王者之
師南人之父羽葆一麾髫齔忭舞誨以力耕導

之服賈自是僰人始入編户服教今無窮畏威
今終古億萬年瞻望行營今猶欽神武

琅川山水賦

拔貢任大理教授楊潮生

郡分威楚邑附髳陽近稱財賦之域昔號寶泉之鄉山官鼎鼐水煮琳琅惟天地多毓秀於僻壤故川嶽每效靈於遐荒一溪可渡四望堪詳爾乃鼇峯東峙文筆高懸盔崗啟𧮫纓之瑞筆架聳翰墨之椽中涿資其砥柱倒影現於平泉玉城需以灌濯金沙滙有淵源考其行就出震

結脉維離滷源通乎星宿寶應祖夫昆弥聖泉
湧而右拱華岫寶泉清而左輔峯奇梵閣琳宮
增涿峙之輝燦奇梅古栢繪岸澗之丰姿乃若
天馬奔而西朝琅川沛而東注極廻巒瀉嶂之
觀悉往過來續之數物彩標勝于遐方地靈紀
隆於址顧魚池端拱梅箐連漪魁閣與棠崗並
矗黌宮映泮水攸宜署峩峩兮体制民總總今
市衢聚衆山之環繞挾一水以逶迤當其春和
景麗凍鮮嵐封藻荇暗生乎方沼桃李遠映乎
高峰梵宇飛玉梅之屑曲川露金柳之容燕語

山齋兮清音疊疊鶯啼水閣兮雅韻重重遊人
羞芳草之翠違士醉杏花之濃及夫東風既過
夏日初長登高逍遥於林樾臨淵澡浴於陂塘
或烹落澤畔或遠眺斜陽压天中而遊觀原澤
過星回而雨集川梁於是秋逢龍誕祀薦祢先
誕登有倒履之屐扶醉若乘馬之船對南山而
采籬菊攀再桂以作瀛仙無何山高月小水前
不出嶺秀孤松溪環修竹看紅葉之楓林踏白
雪之江曲山澤既通坎艮交復繫仰止兮無窮
抑溯洄兮靡足則見依山傍水比屋連居家耶

豫泰絃誦詩書風化昌明兮遼谷人民熙皞兮
奥區川涿嶽峙秀毓靈儲倘有循吏閒俗太史
採風選商鼎以鹽梅之望舉膠鬲於魚鹽之中
𩡝美乎清河晏海取神於降嶽生嵩敵櫶垴埡
行潦之腑累表崔嵬灝瀚之雄歌曰山可官兮
山有名水有龍兮水則靈挹淵泉兮出不息仰
艮止兮象豐盈裕國賦兮利民用護以雲兮繪
以聲作襟帶兮不遺於溪谷顧萬禩兮今共乐
夫平昇

雜記

遺事一則

明整飭瀾滄兵備帶官分巡洱海道雲南按察司副使沈為懇乞嚴禁以全民命事嘉靖三十八年十二月二十三日奉

巡撫都御史游批據本道呈奉本院批據定遠縣申准知縣越民表關本縣地方倚藉人命動輒詐人凡遇出嫁之女或縊溺自盡則合族及畧沾親故同至其家即將公姑鎖綑屍傍打罵挾騙孝禮仍令殺牲置酒醉飽而去風俗薄惡

至極如其本甘女甘氏違姑教訓投水溺死聚集楊宗義輩逼要孝禮以致伊翁王伏計自縊請賜嚴摯今後如有縊溺不係真正人命者止憑夫家殯送掩埋緣由到道具呈奉批依擬仰即行縣刊刻大字告示發各鎮市村落張掛曉諭務使名分克正風俗還醇取具刊示緣由報查可也等因轉行到縣奉此合行出示禁諭一体遵照特示

冗差疊累示　張彥紳

康熙三十九年九月初四日奉本府信牌八月

二十五日蒙督理雲南按察使司分巡通省清軍驛傳鹽法道布政使司參議加四級李憲牌八月十三日奉撫督雲貴部院加四級已批據本道呈詳協夫一案緣由奉批調僻協衛乃軍興旁午一時權宜今承平日久豈可沿習為例況驛堡人夫本院下車之始即行飭禁不許濫索濫應近訪文武各官不体恤民之意仍踵前弊現在刊示再行嚴禁詎容尚需多夫以病民乎仰即通查如有此等協夫協娘之處該道即發示曉諭革除仍不時察訪 如有濫索濫應夫

役者即行揭報叅處以甦民困仍候撫都院批
示繳奉此又奉巡撫雲南都察院加六級石批
據本道呈前事奉批既據有例示援如詳行仍
候督部院批示繳等因批道轉府行縣奉此本
縣隨查定遠協濟廣通搭賢堡夫自兩次裁減
後共實留十六名定遠協夫仍留十名廣通額
夫正留六名夫廣通之民應付舍資之差以本
地之民應本地之役亦不為謬至定遠與舍資
不相管轄路隔一百五十餘里原不過因軍興
旁午督帮協濟前奉減裁不知何故竟將舍資

額設軍夫裁去十名仍留定遠協濟鄉夫八名
軍夫二名久假不歸具舍資額設堡軍有冷飯
田五百三十餘畝歲收市斗租穀八百餘石乃
種田有人應差無夫此奸弊日深牢不可破若
得歲收八百餘石之租僱募十六名之夫應差
尚且有餘何得致令定遠協濟人夫至今受累
數年以來每名每月帮銀一兩四錢每年共帮
銀一百六十八兩貼賠僱募則廣通額設軍夫
竟安逸空閒似此紊規变制靡所底止今奉憲
文查明革除仰見上憲爱恤穷黎至意今奉行

查不得不據實祥報乞憲臺俯念定邑殘黎疾苦一視同仁轉詳革除等因呈詳奉批該縣協夫業奉督部院嚴飭在案仰縣遵照憲示即將協夫撤回寧家具報繳奉此本縣隨收協濟括資夫盡數撤回入甲當差已經將撤夫日期申報督提兩院暨本道本府在案訖合就勒石永禁各宜恪遵憲批毋得混行持應轉示

奉查勳庄隸民示　張彦紳

康熙三十九年七月十七日奉本府信牌七月初九日奉署理雲南布政司印務糧儲水

利道加入級畫批據定遠縣呈詳據縣民王夢
龍等訴稱定遠勲庄原係二十四村久已奉
文歸併在縣近有土主簿尚霸管一十七村
但此項田地錢糧差徭俱係村民自行上納
原與土官無涉伏乞俯賞通詳仍照歸併有
司勒石以垂永久緣由等因呈詳奉批仰楚
雄府確查報等因批府行縣確查緣由奉此
該卑職查得勲庄一項目明至清歷係管庄
管理于康熙二十一年奉
旨歸併州縣照民糧例起科通行遵照在案查

定遠勳庄田地變價銀兩俱係庄民自備上
納管業是此一十七村已屬在縣納糧差民
矣原非土官所轄彝民詳章憲行逐一細檢
舊案有據自應遵奉一例遍跡縣可也合將
查明緣由具詳批示等因呈詳奉本府批既
據歷查勳庄不在民村之内自應造入單村
報繳奉此又奉本府信牌轉奉雲南等處提
刑按察司批據定遠縣詳同前事奉批既經
該縣查明各分管有據仰楚雄府轉飭遵照
以免推諉冊存繳奉此又奉本府信牌前事

本年十一月初一日奉按察使司批據本府申

詳前事看得勳庄兩朝既不屬軍又不屬民則

是應歸流官而土官不得干預也理合轉請憲

裁鈞批以憑轉行分管等因呈詳批已據縣詳

批該府轉飭遵照矣仍即彙冊具報繳等因批

府行縣知照施行奉此為照勳庄一項既經詳

明批定歸入軍村典史管理合行勒石知照毋

再故違特示

裁革考試陋規碑記　李德生

定邑向來考試文武童生皆不及百名而府院

兩試供給若干縣署内外費用若干盡責之禮書禮書不能支盡派在試卷之内相沿已久遂成奬政今腊予考試文童查詢舊案縣府正場填卷共錢四百文覆試列首名者填卷錢三二千文列前十名者填卷錢千五百文以下四五百文不等取准榜首者解府卷箱需銀十餘兩新進送學又索杯盤饋食等費種種鯨吞成何事体定邑山多田少應試者率多寒士此等剝索考費維艱幾何不費盡而與嘆即予於此不勝痛恨遂明白出示除府院兩試供給之外一

切陋規盡行裁革所以示体恤培人材也章程
已定無論正場覆試名次高低只准給禮書卷
錢一百文不許額外需索犹恐後來書役仍蹈
前轍業已申詳府憲批示案永行禁革邑之
士民歡欣踴躍公請勒石垂久並載縣志予光
具請將所裁陋規開列于后

酌給新添哨兵銀未記　李德生

予於上年十月内奉查縣屬有無栽種罌粟經
過東界長箐三道箐地方俱係深山密林形勢
險峻並無哨房墩台亦無居民村寨因係往來

武定必由之路商賈行旅非結伴多人不敢經
過予相度山形將長箐底之舊路捐僱夫役改
移山梁之上當於該地添設哨房二處每處建
房三間撥派哨兵八名日夜防守前經具稟在
案本年春間又於三道箐新添哨房三間將上
年撥守長箐哨兵八名之內分撥三名安置三
道箐以利行人再查東界馬撤汛哨南界平地
河哨北界連山坡哨俱有哨兵而無哨房因変
賣哨山枝木庀材鳩工逐一修建亦處俱建哨
房三間六處共建哨房一十八間現在豎造完

工哨兵得以棲息所有工料經費俱予籌畫办理並未派累民間除平地河連山坡馬撤哨舊有哨兵勿庸置議惟新添之長箐三道箐二處共哨房九間置哨兵八名並無工食使之開種山地非五年後不能成熟酌給養贍並無間欵文以支銷因查卸前任籌畫買穀六百石存停西門城樓惠民倉擬以春出秋入加工生息以為救荒之舉乃存貯三年委經出示並無借飲之人貢生朱焜和等恐收貯年久風雨霉變鼠雀耗残必致澌滅無有該生等情願呈領変

價將銀置產以歸實際據情稟詳已蒙各憲批准在案嗣後該生等收此項倉谷变價銀三百兩典買沈元侯坐落白土坡民田一庄招佃收租年折穀價銀三十兩按年清繳以資公用竊念郃任捐穀意在惠民然立法不善難收實效予傳集紳耆妥議除亦哨捐給米一石外謹將此項典產每年所收租谷折價銀三十兩酌給新添長箐三道箐二處哨兵口粮俟五年後哨地成熟又為别作公用此項已蒙各憲批准邑之人公請載入縣志以垂永久姑聽之

北界呈請目立小戶判詞　李德生

為判示事本年七月初四日據北界士民梁國棟劉桂林等具呈酌定糧頭章程一案查糧頭之設所以催征錢粮乃地方應充之門戶並非累民之差徭之邑四界二里均有糧頭先年已遴保正輪流替充惟北界向設總催一名分催一名歷無成規概係飛退每遇開征之期紳士富戶尚可設法出脫惟貧苦小民鎖逼承認搆訟拖累弊竇叢生具受害已非一日本縣蒞任三載無日不以興利除弊為急務茲據該士民

等妥議章程前來本縣卷查雲龍口一村先年
已係自催自納大古岩一十七村夷民起文浩
等亦於本年繕冊稟懇准其自納在案該士民
等各將應納糧數分別村屯造具戶口清冊赶
緊呈送到案以憑印給該房仍存記戶口總冊
以便稽查自本年為始除去總催分催名色聽
爾各村設小催一名按戶輸涿自催自納各清
各款統限年底掃數全完花戶粮草俱於完銀
之日連照票一并發給斯舉也既免退諉之煩
永除鎖逼之累惟願爾士民人等踴躍輸將年

底掃數倘逾限不完催差入村先提小催次及
抗糧花户按卯比追此具擾累乃該户所目取
本縣亦不能寛免也業已嚴禁書役不許需索
錢文該士民等猶須潔己為公不許藉門印雜
費向花户歛錢致掯物議且此係錢糧重欵該
户等慎勿日久玩生仍滋後累有負本縣痛革
積弊之至意也特判
捐給單犯口粮記
定邑僻在深山之中城池周圍僅一里三分所
容居民有限而歷年發來單流遣犯已八十三

名具數幾不減於居民莠良雜處管束匪易余自到任以來時刻留心率領丁差晝夜稽查不辭勞瘁所以近日來尚不至別生事端但該犯等不盡有資財手藝饑寒所迫難保無虞定邑每逢單日係城內街期四鄉男婦老幼進城貿易者甚多轂擊肩摩往來擁擠彼此不能照顧該犯於此時每有掏摸不法情事余雖不時彈壓而無米之炊難以禁止此其勢真不可以終日者也余再四籌躇非捐廉調劑勢難約束於今歲三月間傳齊軍頭人等按冊查點其實有

貲財手藝能自餬口者五十餘人無庸計議查
温亞居等九人尚屬安分而既無貲財又無技
藝束手坐困幾不聊生此軍犯中之急宜調劑
者余已捐出錢二十千文命此九人分作本金
生理以資度用其餘劉急以下二十二人素不
安分滋生事端此不可令其閑散余與史商議
每逢單日街期着令於軍滌所中將此二十二
人嚴行閑禁余於閑禁之日每名給米一京升
柴菜錢五文每月閑禁十五日每名該米一斗
五升統計一年按名分給不過索米四十京石

柴菜錢二十千文即不足用又恐闗禁日久別生事端六月十一日又借與單頭錢五十千文令其酌為生理於犯等開放之日少补口食之不足業已稟明上憲行之數月尚屬安靖邑内紳士公請載入邑志余允其請因付記於此

鎮西樓二故官像

樓像故官二像明朝服色或言係年公失名或言係越公民表查越公多意政陞道州知州行時軍民泣送或言貌肖羅公一敬公曽置義地七十丈建蕭公祠後客民塑像祀於蕭祠之左

或言張公彥紳按創建此樓乃張公應臺樓名
達觀後張公彥紳改建額曰鎮西樓二公事詳
名宦未知孰是至年公事無可考

倒稱山茶

明僧無住者出家於邑西化佛山開山建白雲
菴寺精心修持寺前有水一潭住折山茶一枝
倒揷於潭側誓以茶花之榮枯徵吾道之成否
厥後覺悟通三昧宗旨山茶發榮滋長花較原
本更艷後住坐化水目山此花自明至乾隆年
間方枯槁後人題詠稱此花為驗道花

僧天文

邑南西冲人投琅井開寧寺出家戒行清白日
事諷禮康熙戊申歲沐浴焚香談偈而逝曰我
本一物假借皮骨生長西冲九歲出俗拜師大
賢開寧住足守山七旬恭敬僧俗本分是禪手
等是佛色即是空本無一物

躍龍門

南城左側舊有躍龍門其門南向南於卦為離
文明象也且直接學宫故老傳聞歲科新進文
武生賓興謁聖廟由此門出入取魚躍龍門為

科名預兆稽舊志載崇禎乙酉年吾必奎倡亂薄城繼因沙定洲刼邑城盡圮康熙十二年知縣田公元凱修城其門開建何時封閉何年無可考至今所攜躍龍門三字石匾額及城門舊蹟俱存

樟木枝樹

邑南四十五里會基山凹冷泉之旁有樟樹一枝高六丈大一丈餘葉四時蒼翠不萎不凋根如虬蟠蜿曲詢之莫計其年或云龍神呵護地脉鍾靈閭有土著人於朔望祀之

纂修舊姓氏

知楚雄府事山陰章文鑛鑒定

知定遠縣事清河張彦紳纂修

教諭趙邦俊

訓導張偉

楊魁先

鄉紳陳一敬同訂

王天錫

舉人楊瞰

宋曰濂同閲

夏世典

徐亮臣

楊翥

庠生　李仲偉同輯

陳溫

馬國賢

陳一鳳

典史　劉之珏監梓